AF276980

Arthur Schnitzler

MARIONETAS

Traducción de Roberto Vivero

Ápeiron Ediciones

2025

Arthur Schnitzler

MARIONETAS

Tres obras de un acto

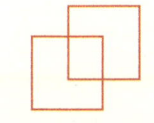

MÁSCARAS

1.ª edición, 2025

Arthur Schnitzler, *Marionetten* [1906]

© De la traducción, Roberto Vivero
© Ápeiron Ediciones

C/ Príncipe de Vergara, n.º 132, planta 9
28002 Madrid
Tfno.: (+34) 611 00 28 41
E-mail: info@apeironediciones.com
http://www.apeironediciones.com/

Diseño y maquetación: Ápeiron Ediciones
Imagen de contracubierta: El *Wursteltheater* [teatro de títeres] de
Barbara Fux en el Prater (ca. 1890). Fuente: Wikipedia

Papel procedente de fuentes responsables

ISBN: 979-13-990670-8-8
Depósito legal: M-15826-2025

Índice

I. El Marionetista

Estudio en un acto

Personajes

Georg Merklin
Eduard Jagisch, *oboísta*
Anna, *su mujer*
El hijo de ambos, *ocho años*
Una criada

Habitación modesta pero cómodamente amueblada. Dos ventanas, vista a los tejados, a las colinas y a un cielo primaveral azul pálido. A la derecha, puerta de entrada; hay otra puerta a la izquierda.

Eduard Jagisch entra desde la derecha. Delgado y barbilampiño, vestido con modestia y pulcritud, de unos 40 años; ademanes algo reservados, afable. Inmediatamente detrás de él, Georg Merklin, de unos 50 años, barba algo canosa, pelo gris y espeso; abrigo desgastado con cuello vuelto, pantalones oscuros y un poco grasientos, sombrero flexible, zapatos polvorientos y desgastados, pero con cierta distinción, incluso exteriormente, en su porte.

EDUARD.—Sí, ya estamos en casa. Entra, Georg, bienvenido. Apenas puedo expresar cuánto me alegra esta casualidad… *(Deja el sombrero y el abrigo en el sofá.)* ¿No quieres ponerte cómodo?

GEORG *(sin quitarse el abrigo).*—Gracias, gracias.

EDUARD *(mira la ropa de Georg; por su rostro pasa un gesto de compasión que se esfuerza por no manifestar).*—Sí, tienes razón, aún hace un poco de frío. Pero, claro, a finales de abril ya no se enciende la calefacción, ¿verdad? ¿No quieres sentarte? *(Georg se queda de pie.)* Bueno, Georg, ¿sabes cuánto tiempo ha pasado? Más de once años… Así es, no nos hemos visto desde hace más de once años. Y lo curioso es que justo ayer hizo once años.

GEORG.—¿Ayer?

EDUARD.—Sí, sé que fue justo el veintiocho de abril porque la noche en la que estuvimos juntos por última vez se me ha quedado indeleblemente grabada en la memoria y el recuerdo todavía tiene un encanto especial.

GEORG.—Hace mucho.

EDUARD.—Mucho tiempo sin saber del uno del otro, y ahora, de repente, nos encontramos de casualidad en la calle. Y quizá hayamos estado viviendo en la misma ciudad sin habernos encontrado.

GEORG.—En efecto.

EDUARD.—Pero no es culpa mía, porque en lo que a mí respecto, te he buscado, intenté averiguar… Al menos en los primeros tres años desde mi regreso de América. Tenía muchas ganas de encontrarte.

GEORG (*sin moverse del sitio, mira a su alrededor; con indiferencia*).—¿Por qué?

EDUARD.—¿Por qué? ¡Te echaba de menos, sí! ¿No lo entiendes? Piensa en todo el tiempo que nos tratamos, sobre todo al principio de mi estancia en Viena. En mi pequeña habitación en la calle Nussdorfer fue donde nos leíste tu pequeña pieza...

GEORG (*junto a la ventana*).—Bonita vista.

EDUARD.—Sí, a mí también me gusta. Por eso me he venido a vivir tan apartado del centro. Aunque a veces tiene sus inconvenientes, sobre todo cuando vuelvo tarde de la ópera y hace mal tiempo. Cuando hace bueno, a veces voy caminando, también en invierno. No son más de tres cuartos de hora. Y se está al lado del campo. Incluso hay un pequeño jardín junto a la casa; aunque no nos dejan entrar, para el niño es una ventaja que solo tenga que asomar la cabeza por la ventana de la cocina para oler el perfume de las flores...

GEORG (*se vuelve súbitamente hacia él*).—¿Estás casado?

EDUARD (*un poco sobresaltado por haberlo revelado demasiado pronto*).—Por supuesto.

GEORG.—¿Por qué no me lo has dicho enseguida?

EDUARD.—Quería darte una sorpresa. Sí, hum... Pero se me ha escapado.

GEORG.—¿Desde hace mucho?

EDUARD.—Bueno, depende de cómo se vea. En cualquier caso, mi mujer ha ido a recoger a nuestro hijo a la escuela y el pequeño tiene ocho años.

GEORG.—¡Ah!

Eduard.—Sí. Y puedo decir que soy feliz, completamente feliz, perfectamente feliz.

Georg *(negando con la cabeza)*.—Feliz… Yo no me atrevería a soltar tan osadamente esa palabra. Quizá sea una manera de llamar a la desgracia.

Eduard.—Ya no le temo a las desgracias.

Georg.—Has cambiado mucho.

Eduard *(satisfecho)*.—¿Te parece?

Georg.—Si recuerdo bien, eras miedoso, tímido, incluso se podría decir que eras un pobre muchacho…

Eduard.—¡Oh!

Georg.—Sí, podemos decirlo así: un pobre y triste muchacho. ¡Y ahora!…

Eduard.—Ahora tengo la sensación de que todos los infortunios han quedado atrás, de que ya no puede pasarme nada malo. Lo sé. Bueno, vale, la muerte. Pero eso nos toca a todos. No pienso en ella. Y, por lo demás, te aseguro que la muerte ya no tiene nada de terrible cuando se tienen mujer e hijo que te llorarán. No sé qué pensarás sobre estas cosas.

Georg.—Yo no tengo ni mujer ni hijo, así que no le tengo mucha simpatía a la muerte. ¿Por qué me miras así? ¿Cómo me encuentras?

Eduard.—Bien, bien, ¡estupendo!

Georg.—Con canas.

Eduard.—Con canas… Bueno, yo ya empiezo… Mira, en las sienes. Y tú tienes casi diez años más que yo.

Georg.—Conocí a alguien que con veintisiete años tenía el pelo blanco como la nieve.

EDUARD.—¡Claro, Merlet! Yo también lo conocí… Blanco como la nieve. Todavía me lo encuentro de vez en cuando, pero somos como extraños… ¡Sí, la vida! Él también estaba con nosotros aquella noche, aquella inolvidable noche.

GEORG *(casi para sí)*.—Tener canas no demuestra nada. Tampoco la edad demuestra nada. ¿No hay hombres que con sesenta o setenta años son padres o van a la guerra? ¿Se les puede llamar viejos? No. Solo hay una cosa que demuestra que se es viejo: la muerte. No son los viejos los que tienen cien años, sino los que morirán mañana. *(Señalando algo al otro lado de la ventana.)* Esa joven mujer es una anciana si al llegar a la próxima esquina cae muerta.

EDUARD *(yendo hacia él)*.—Ah, pensé que habías visto a mi mujer. Llegará en cualquier momento… No, no es ella.

GEORG.—Yo también lo habría lamentado.

EDUARD.—Lamentado… ¿Por qué?

GEORG.—Bueno, tengo razones para tener cuidado con ese tipo de comentarios.

EDUARD.—¿A qué te refieres?

GEORG.—Voy a contarte una historia que me pasó en el tren hace un par de años. Era una mañana de invierno, alrededor de las seis. Delante de mí está sentado un hombre que dormita apoyado en el rincón. No lo conozco, no lo he visto nunca, no me interesa en absoluto. De repente, se me pasa por la cabeza este pensamiento: ¡muérete! Y con este pensamiento lo miro durante un rato. Sigue durmiendo y no se mueve. Vuelvo a mirar por la ventana el paisaje cubierto de nieve, como es mi costumbre, y me olvido completamente de ese tipo. Llegamos a Viena. Me levanto, salgo del tren; el hombre, no. El hombre sigue sentado, inmóvil. Llamo a unas personas… Lo sacan… Estaba muerto… muerto. Los médicos dijeron que había sufrido un ataque al corazón.

EDUARD.—En todo caso, una extraña coincidencia.

GEORG.—¿Coincidencia? ¿Sabes cuántas cosas pasan en el mundo a diario porque alguien las desea secretamente o porque las expresa sin pensar? ¿Tienes idea del misterioso poder oculto en las naturalezas creativas? Fui a hablar con un comisario y le conté lo ocurrido. «Encarcéleme, señor», dije, «pues evidentemente soy yo quien ha matado a ese hombre. Y además no siento el menor arrepentimiento». Pero el comisario no me encarceló… Me miró de manera tan cándida como tú y me dejó libre.

EDUARD *(alegre)*.—¡Ese eres tú! ¡El viejo Georg! ¡Por qué tardará tanto hoy mi mujer, precisamente hoy! Va a ser una gran sorpresa… Ya te puedes imaginar que he hablado con frecuencia de ti, Georg. ¿Pero quieres un puro?

GEORG.—No, gracias; ya no fumo. Me quité esa cosa innecesaria. No, no, en serio, ya no lo soportaría.

EDUARD.—Como quieras. Pero por lo menos siéntate. Y cuéntame qué has hecho todo este tiempo. Me resulta incomprensible que no hayamos sabido nada más de ti, como si…

GEORG.—Hubiese desaparecido. Puedes decirlo. Te aseguro que desaparecer no hace ningún daño. Y no creo que a las personas como yo les pueda pasar nada mejor.

EDUARD.—Pero… En aquella época parecía… Todos esperábamos… Estabas en camino de convertirte en alguien importante.

GEORG.—¿Y quién te dice que no lo he hecho? ¿Tienen que verlo los demás? Si hoy vendieses tu oboe, o si se te entumeciesen los dedos y los labios de manera que ya no pudieras tocar, ¿serías menos virtuosos que antes? O supón que ya no tuvieras ganas de tocar y tirases tu oboe por la ventana porque su sonido ya no te satisficiera: ¿ya no serías un artista? ¿O más bien solo lo serías si tirases por la ventana el instrumento que era tan impotente en comparación con la música divina en tu mente?

EDUARD.—Impotente… ¡Sí! Mira, a menudo he pensado esto que acabas de decir.

GEORG.—Pues bien, yo he tirado mi oboe por la ventana. Los cretinos gritaron: ¡Ya no se le ocurre nada! Dejo que griten. Al verdadero artista no se le puede ocurrir nada porque todo está en él, tiene la plenitud interior. Eso es lo que importa.

EDUARD.—Es como si te hubiese escuchado ayer por última vez, ¡en serio! Me parece increíble que nos hayamos visto hoy por primera vez después de la fiesta de despedida de aquel 28 de abril.

GEORG.—No fue una fiesta de despedida. Solo de causalidad…

EDUARD.—Para mí lo fue. Yo ya tenía en mi bolsillo el contrato para ir a Boston. ¿Ya no te acuerdas? Brindamos por mi futuro; tú incluso dijiste unas palabras. ¿No te acuerdas? ¡Ah, qué noche! La recuerdo como si fuese un sueño. Como si fuese la primera noche de primavera de mi vida. Estábamos sentados bajo altos árboles, en dos largas mesas que tuvimos que juntar. En la mesa brillaban faroles. Merlet, el del pelo blanco, estaba sentado aquí, y ahí Habicht, el joven actor con sus ojos brillantes, y allí aquella violinista que murió aquel mismo año. Y tu amada… de aquel entonces estaba vestida de blanco y tenía rosas de color rojo oscuro en el pelo, y más tarde cuando en el jardín ya solo estábamos nosotros, se sentó a tus pies, apoyando la cabeza en tus rodillas. Se llamaba Irene.

GEORG.—Sí, se llamaba Irene. También recuerdo que aquella noche no te quejaste de nada.

EDUARD.—Oh, no, absolutamente de nada. ¿Acaso lo hice? No tenía nada de qué quejarme.

GEORG.—¿La volviste a ver? Es decir, después de aquella noche.

EDUARD *(como si no entendiese)*.—¿A Irene?

GEORG.—No, no, a la otra. A la que estaba sentada a tu lado. La rubia con cara infantil. ¿No volviste a verla?

EDUARD.—¿Aquella rubia? No. Ya tenía mi contrato para Boston en el bolsillo. En cualquier caso, después de unas semanas tenía que irme. Ya lo había dicho. ¿Qué iba a hacer con una rubia con cara infantil?

GEORG.—Era guapa.

EDUARD.—Ah, sí que lo era. Una amiga de Irene, si recuerdo bien.

GEORG.—Sí, creo que eran amigas, en la medida en que las mujeres pueden serlo. *(Mira al frente.)* Eduard…

EDUARD.—Dime.

GEORG.—¿Fue esa tu primera noche embriagadora, por así decirlo, brillante?

EDUARD.—Fue una noche especial, eso seguro.

GEORG.—¿Fueron quizá las primeras palabras tiernas que te dedicaron, aquella noche?

EDUARD.—¿Eso crees?

GEORG.—Lo sé. Cuántas veces te había oído suspirar porque no estabas hecho para la felicidad, porque estabas destinado a pasar tu juventud solo y sin amor, porque eras tan tímido y temeroso.

EDUARD.—Bueno, sí, mi juventud fue bastante triste en algunos aspectos.

GEORG.—Hasta aquella noche de primavera, cuando por primera vez alguien te susurró palabras ardientes.

EDUARD *(con ojos astutos)*.—¡Cómo te acuerdas!

GEORG.—Tiene un porqué, Eduard. Y creo que es muy probable que el destino nos haya vuelto a juntar solo para que sepas la verdad.

EDUARD *(como antes)*.—¿Qué quieres decirme, Georg?

GEORG.—Sospecho que esa noche fue más importante para ti de lo que imaginas. Creo que esa noche bebiste el coraje de vivir del que aún hoy estás lleno, pues entonces, confiésalo, por primera vez sentiste que también tú podías dar y recibir felicidad.

EDUARD.—No te equivocas.

GEORG.—Si no fuese por aquella noche, probablemente durante toda tu vida hubieras seguido siendo el joven tímido y temeroso al que conocía. Quizá no hubieses tenido el coraje de conquistar a una mujer.

EDUARD *(como convencido)*.—Puede que tengas razón, Georg.

GEORG.—¿Y cómo sucedió todo esto? ¿Qué dio lugar a ese extraordinario cambio en tu manera de ser? Que creíste que la hermosa chica que entonces te vio por primera vez se había enamorado de ti en el acto.

EDUARD.—Y con motivo.

GEORG.—Tenías motivo para creerlo; pero que equivocaste.

EDUARD.—¿Cómo? ¿Es posible?

GEORG.—Todo fue una broma que yo había tramado.

EDUARD *(con fingido asombro)*.—¿Una broma?

GEORG.—Sí. Estaba todo preparado. La pequeña que fue tan cariñosa contigo hizo, de hecho, lo que yo le había pedido. Era la marioneta en mi mano. Yo movía los hilos. Estaba acordado que se enamorase de ti, porque siempre me habías dado pena, Eduard. Quería despertar en ti la ilusión de una felicidad para que la verdadera felicidad, cuando llegase, te encontrase preparado. Y, así, como suele ser el caso en gente como yo, quizá provoqué un efecto más profundo de lo que quería. Te convertí en un hombre nuevo. Y puedo decir que es un placer jugar con seres vivos, hacer que como figuras etéreas giren en una danza poética.

EDUARD.—Escucha, Georg, considerándolo todo, creo que no tendrías que habérmelo dicho.

GEORG.—¿Por qué?

EDUARD.—Piénsalo, entonces me habría imaginado todo tipo de cosas; pero ahora sería hasta cierto punto vergonzoso…

GEORG.—¿Por qué?

EDUARD *(junto a la ventana)*.—¡Ah, es ella! ¡Mi mujer! ¡Cómo se va a alegrar!

GEORG.—Bueno, quiero subrayar que no estaba preparado para esto. Discúlpame ante tu esposa por mi indumentaria.

EDUARD.—¡Pero no te preocupes! Sea como fuere, mi mujer se alegará de verte.

Entran ANNA, de apenas 30 años, muy hermosa, vestida de manera muy sencilla pero con gusto, y su hijo, de ocho años.

EDUARD.—¡Por fin has llegado! Mira con quién he venido, Anna.
GEORG *saluda con una inclinación.*
ANNA *(lo mira, lo reconoce, se sorprende mucho y se recompone; con sincero afecto).*—¡Así que está vivo!
GEORG *la observa.*
ANNA *(le tiende la mano).*— ¡Bienvenido!
GEORG *(la reconoce).*—¿Es posible? ¡Anna! *(A Eduard.)* Y este hombre va y permite que cuente mi historia hasta el final. El muchacho tímido se ha convertido en todo un bribón. ¿Así que estáis casados?
EDUARD.—Ya lo ves. Puedes imaginarte lo que nos alegramos de que haya llegado este momento, cuánto habíamos deseado que llegase. Yo y también Anna.
ANNA.—¡Sí, yo también! *(Mira largamente a Georg.)*
EDUARD *(a Anna).*—Tienes que saber que fuimos sus marionetas. Bailamos lo que quisieron sus hilos. Pero poco a poco sus marionetas cobraron vida, ¿verdad, Georg?
GEORG.—Sí, ya lo veo. Y este es vuestro hijo. Guapo niño. ¿Cuántos años tienes, hombrecito?
EL PEQUEÑO.—¡Ocho años y cuarto!
GEORG.—¿Y cómo te llamas? *(Le coge las manos.)*
EL PEQUEÑO.—Me llamo Georg Jagisch.

GEORG.—¿Georg? *(Volviéndose hacia el matrimonio.)* ¿Georg? ¿Qué pariente vuestro se llama Georg?

EDUARD.—Ninguno. Le pusimos el nombre de nuestro viejo amigo, de cierto marionetista… *(Ríe de buena gana.)* Se le ocurrió a mi mujer.

GEORG *(los mira a todos).*—Hijos míos, no sabéis qué mal gusto tenéis. *(Para sí.)* Georg…

ANNA.—Bien, pequeño, ahora ordena tus cosas, lávate las manos y después puedes volver aquí.

GEORG.—Sí, Georg, después puedes volver. Georg. Cuando otra persona se llama como nosotros, alguien tan pequeño… En el fondo tiene algo indescriptiblemente cómico.

EL PEQUEÑO sale.

EDUARD y ANNA se miran. Pausa.

ANNA.—Así que volvemos a vernos. Pero siéntese. ¿No quiere ponerse cómodo? *(Mirada de Eduard.)* Bueno, hace un poco de frío. Incluso creo me pondría algo más de abrigo.

GEORG.—Sí, hace un poco de frío. Pero además querría confesar algo con total sinceridad: estoy con la ropa del trabajo, por eso prefiero no quitarme el abrigo. No sabía que hoy iría de visita. ¡Qué joven se ha conservado, Anna!

EDUARD.—Pero tuteaos, como en el pasado. No hay ningún motivo…

GEORG.—No lo hay… ¡Sí, qué joven te has conservado, Anna!

EDUARD *(mirando amorosamente a su mujer).*—Sí.

ANNA *(algo avergonzada)*.—Pero cómo es que os habéis encontrado…

EDUARD.—¡Imagínate, Anna! ¡Aquí, delante de casa! ¡Después de buscar a un hombre, como con un farol, durante años! Salgo a pasear, o, más bien, vuelvo del ensayo y entonces veo a diez pasos de mí... Lo reconocí por la manera de andar... ¡Y lo llamo! Y él se da la vuelta y quiere seguir su camino.

GEORG.—No te reconocí; soy un poco miope.

EDUARD.—O no querías saber nada de mí. Pero no, eso ya sería demasiado, cuando se ha buscado a alguien durante años...

GEORG *(serio)*.—Como con un farol.

ANNA.—¿Dónde estaba usted?

EDUARD.—¿Dónde estabas? Insisto en que os tuteéis, como en el pasado. Por lo general no soy terco, pero insisto en esto.

ANNA.—Pues bien, ¿dónde has estado durante todo este tiempo?

GEORG.—La mayor parte, de viaje.

ANNA.—¿De viaje?

GEORG.—Sí, por todo el mundo.

ANNA.—¿Y solo?

GEORG.—Preferiblemente. Pero al principio, no.

ANNA.—¿Quizá al principio viajabas con Irene?

GEORG.—Sí, con Irene.

EDUARD.—Hum... Dónde... Es decir... *(Mirada de Anna.)* Dónde estará ahora Irene.

GEORG *(tranquilo)*.—No lo sé. Hace mucho que no sé nada de ella. Yo estaba lejos. He estado incluso en California y en la India.

EDUARD.—¡Ah!

GEORG.—Después, poco a poco, me fui limitando a Europa, y después mis viajes se volvieron cada vez más pequeños. *(Describe con la mano una espiral.)* El círculo cada vez más estrecho. Ahora solo hago excursiones por los alrededores de Viena. Pero eso no cambia nada, porque para mí significa más un paseo por el campo de aquí al lado que para otros un viaje alrededor del mundo, pues, cuando se sabe ver y oír, en todas partes hay hombres y destinos.

EDUARD.—En general, haces una vida muy retirada, ¿verdad?

GEORG.—Según como se mire. Cuando me apetece, también encuentro compañía. Tengo amigos y amigas… para un día. Y un día es largo cuando se sabe vivir. Soy como Harún al-Rashid, quien sin ser reconocido se movía entre el pueblo. La gente con la que hablo ahí fuera *(amplio gesto)* ni se imagina quién soy, y quien se despide de mí no sabe si volverá a encontrarme. Es una existencia de lo más interesante.

EDUARD.—Y cuando no sales a pasear, ¿qué haces? ¿A qué te dedicas? *(De repente se le ocurre la pregunta.)* ¿Todavía escribes?

GEORG.—Escribir… En el sentido que tú le das a la palabra, ¡no! En otro… sí.

EDUARD.—¡Lo sabía!

GEORG.—¡No sabes nada! Pero sí sabéis que hay que comer, al menos de vez en cuando. Solo por ese motivo hago a veces algún trabajo para un periódico. No con mi nombre, por supuesto. También podría acarrear carbón o tallar pipas para fumar. Con esto quiero decir que este trabajo no tiene nada que ver con mi alma, que no me roba nada de mi libertad interior. ¡Pero ya basta de mí! ¡Suficiente! *(Pausa. Mirada entre Anna y Eduard.)* Es extraño.

EDUARD.—¿Qué te parece extraño?

GEORG.—Cómo vivís ahora en una casa acogedora; las lámparas cuelgan sobre la mesa; estáis criando a un hijo… *(Entra la sirvienta.)* Os sirve una criada; probablemente también estéis asegurados contra accidentes e incendios…

ANNA le coge el mantel a la criada y empieza a poner la mesa. Sale la criada.

GEORG.—Sí, quién habría imaginado todo esto hace diez años.

EDUARD.—¡Sí, quién lo habría imaginado aquel 28 de abril de hace once años!

GEORG *(como si de repente recordase).*—Pero no termino de entender cómo fue posible. No fue más que una broma.

EDUARD.—Pero se convirtió en algo serio. ¿Verdad, Anna? *(Coge a Anna, que aún está poniendo la mesa, por la cintura; Anna lo evita ligeramente.)* Maravillosamente serio.

GEORG.—Pero cómo sucedió…

EDUARD.—Piénsalo, Georg. Probablemente era lo mínimo que ella me debía.

ANNA.—¡No digas eso, Eduard! Si la culpa solo fuese mía, habría bastado con que te dijese la verdad para saldar la deuda.

GEORG *(lleva su mirada de uno al otro).*—Bueno, ahora lo entiendo.

EDUARD.—¡No, te equivocas por completo! ¡Porque aún no sabes lo más interesante!

GEORG.—¿Qué?

EDUARD.—Lo único interesante de todo el asunto es que antes Anna sentía algo por ti.

GEORG.—¿Por mí? Ah, vale, ahora la broma me toca a mí.

EDUARD.—¿Broma? No estaría mal. *(Devolviéndole la mirada a Anna.)* Bueno, debería saberlo todo. Se lo debemos. En ciertos aspectos. En efecto, sentía algo por ti.

GEORG.—¿Anna…?

ANNA *(poniendo la mesa, con tranquilidad).*—Algo así tuvo que ser, de lo contrario no habría participado en toda aquella comedia.

GEORG.—No lo entiendo. No entiendo ni una palabra.

ANNA.—Aquella comedia fue mi última esperanza, por así decirlo. Tenías que ponerte celoso.

GEORG.—¿Tenía que…? Ah, ya… Hum, Eduard, a ti te tiene que resultar realmente desagradable oír eso.

EDUARD.—¿Desagradable? ¿A mí? No seas ridículo. ¿Pero no ves que estoy viviendo el mayor triunfo de mi vida?

GEORG.—Bueno, si es así… Sigue contándome la historia, Anna.

ANNA.—No hay nada más que contar. *(Sonriendo.)* Como ves, no me salió bien. No te pusiste celoso. Y ahí se acabó.

GEORG.—Se acabó…

ANNA *(sonriendo).*—Tuvo que acabarse porque fracasó la última esperanza. ¿Verdad? No me quedó más remedio que aceptarlo.

GEORG.—Después de todo, también cabe pensar que tus sentimientos no eran tan fuetes.

EDUARD.—Eso es lo que yo siempre he pensado. Era más bien una especie de amistad lo que sentía por ti, simpatía, si se quiere decir. Y por eso puso su empeño en ponerte en el camino correcto.

GEORG.—¿En el camino correcto…?

ANNA.—El que yo pensaba que era el correcto.

EDUARD.—Para eso era completamente necesario curarte de tu desdichada pasión.

GEORG.—¿De qué pasión?

ANNA mira hacia el frente.

GEORG.—¿De qué desdichada pasión?

EDUARD calla.

GEORG.—¿Irene…? *(Pausa.)* ¿Irene…?

ANNA.—En cierta medida, tuvo la culpa de que entonces, después de tu primer éxito, abandonases tu vida ordenada…

EDUARD.—Que dejases el trabajo por el que obtenías unos ingresos seguros…

GEORG.—¡Ella creía en mí! Creía en mí. No quería que atase mi alma libre a los lazos de un trabajo diario.

ANNA.—Me habría gustado verte en una situación de seguridad y tranquilidad y temía que no la encontrases al lado de Irene.

GEORG.—¿Seguridad? ¿Tranquilidad? ¿Acaso son cosas que hayan tenido para mí algún valor?

ANNA.—Como sea, por aquel entonces algunos pensaban que Irene no era lo mejor para ti.

GEORG.—¿No era lo mejor?

EDUARD.—Si puedo decirlo con una expresión un poco fuerte, Irene te hizo quedar como un tonto.

GEORG.—¿A mí? ¿Irene… a mí?

ANNA.—En cualquier caso, estaba convencida de que lo mejor para ti era que no siguieras con ella. Incluso a veces me parecía como si tú mismo te dieses cuenta…

GEORG.—¿Como si yo mismo me diese cuenta…?

ANNA.—Como si tú mismo te dieses cuenta de que Irene no… Por eso entonces yo… participé en la comedia. Aquella noche incluso me pareció que en determinado momento el juego tenía éxito… A veces me mirabas de una manera tan extraña…

GEORG.—¿Cómo te miraba?

ANNA.—Como solo solías mirar a Irene… Y en los días que siguieron me imaginé todo tipo de tonterías. En cierta manera, te esperaba. Me parecía que tú debías… como si… *(Pausa.)* Pero no viniste. Y después de esperar en vano algunos días, lo vi claro. Todo. Todo. Y sentí mucha vergüenza. No solo por mí, sino también por él, por Eduard. Sí, de verdad, me avergoncé hasta lo más profundo de mi alma, por ambos. Me dolía mucho. Lo único que quería era…

EDUARD.—¡No, no lo digas!

ANNA *(serenamente)*.—… era morir…

EDUARD.—Sí, me lo contó entonces, Georg. Y se arrodilló ante mí… Es decir, yo la levanté enseguida… Y me lo confesó todo, todo. Sí, mucho más de lo que tú sabías. Y lloró en mis brazos.

ANNA *(sonriendo)*.—Sí. Y volví a sentirme bien. El dolor no duró mucho. No tardé en pensar que había sido una suerte que no hubieras venido.

EDUARD.—Y me escribió cartas durante mi estancia en Estados Unidos. ¡Ah, y qué cartas! Las guardo todas. A veces las volvemos a leer. Están en aquel cajón. Y después de un tiempo, cogió un billete para ir en barco hasta Boston. Sí, Georg, he aquí una persona que me siguió hasta América, tanto me... amaba. *(Pausa.)*

GEORG *(pensativo).*—¿Y si hubiese ido, cuando me estabas esperando?

ANNA.—Probablemente todo habría sido diferente.

Georg.—Es posible. ¡De cuántos peligros se está rodeado sin saberlo!

EDUARD.—¿Y eso?

GEORG.—Si pienso en que podría haberme convertido en un padre de familia, como tú... Sentarme bajo una lámpara y tener criada... No, alegrémonos todos de que en aquel momento no hubiese ido. No, no he nacido para comer en una mesa cubierta con un mantel blanco.

EDUARD.—Pero hoy, Georg, hoy harás, por una vez, una excepción.

GEORG.—¿A qué te refieres?

EDUARD.—Te quedas a comer con nosotros.

GEORG.—De ninguna manera.

EDUARD.—Pero, mira, Anna ya ha puesto tus cubiertos.

GEORG.—No, por favor, no insistas. No me gusta apartarme de mis costumbres. Ya no soy lo bastante joven para renunciar a hábitos de años.

EDUARD.—¿Y qué hábitos son esos?

GEORG.—Estoy acostumbrado... Os parecerá ridículo... A comer cuando me place, al aire libre, durante mis paseos, y por eso, para mayor comodidad, suelo llevar la comida en los bolsillos.

El pequeño *(entra)*.—¿Aún no está la comida?

Georg.—Paciencia, jovencito. Estará en un momento. Y como tampoco quiero molestaros en vuestras costumbres, con vuestro permiso, me marcho.

Eduard.—Pero, Georg, ¿qué te pasa?

Georg *(tajante)*.—Déjame.

Eduard *(exhortado por una mirada de Anna para que no insista)*.—Sí, pero volveremos a vernos…

Georg.—Es posible, pero no seguro. Lo dejaremos al azar. No vivo según unas reglas. Y si averiguáis dónde vivo… No me importan las formalidades, no espero que me devolváis la visita.

Eduard.—Sí, pero si tampoco quieres que te visiten, mi querido amigo… No me lo tomes a mal… Sería posible que… Tengo algunos contactos… A lo mejor puedo resultarte de alguna ayuda.

Georg.—¿De alguna ayuda? ¿Me parece que quieres conseguirme algo así como un puesto de trabajo?

Eduard.—Bueno, tampoco sería lo peor.

Georg.—¿Quizá no soportas verme tan libre y sin ataduras? ¿Quizá tengo que volver a ser un necio como antaño, cuando los cretinos me tenían por alguien? Pero los tiempos han cambiado. Cuando era pobre, podía daros lo que tenía… Ahora soy demasiado rico para derrochar.

Eduard.—No pienso en un trabajo en el sentido habitual. Pero sería posible que con alguna tranquilidad, con algún esfuerzo pudieses de la manera más sencilla, incluso sin tú quererlo, conseguir fama y riqueza.

GEORG.—¿Fama? ¿Diez años, mil años, diez mil años? Dime, cuándo empieza la inmortalidad y yo mismo me procuraré la fama. ¿Riqueza? ¿Diez florines, mil, un millón? Dime cuánto cuesta comprar el mundo y yo mismo me procuraré la riqueza. Por ahora, la diferencia entre riqueza y pobreza, entre oscuridad y fama se me antoja tan pequeña que no me parece que merezca la pena mover ni un dedo. Esto es lo único digno de un hombre como yo. Adiós, queridos, me alegro de haber vuelto a veros. *(Al niño.)* Adiós... Georg... ¡Adiós! *(Al matrimonio.)* Quién sabe lo que será de este pequeño. Y cuando al mismo tiempo se piensa que no hubiese nacido si aquella noche no se me hubiese ocurrido... Tenéis que contárselo cuando sea lo bastante mayor para que pueda entenderlo.

EDUARD.—Ya pensaremos en eso.

GEORG.—El hijo de mi capricho... de verdad. *(La criada trae la sopa.)* Adiós.

EDUARD.—Y ni una cucharada de sopa... ¡Es hiriente! Quieres irte sin siquiera...

GEORG.—Está bien, si queréis ofrecerme algo, permitidme darle un beso en la frente a mi tocayo. *(Lo levanta en el aire y lo besa. Tras una pausa.)* Quizá esta petición algo conmovedora requiera de una explicación. Bien, no tengo por qué ocultaros que yo también estuve casado.

EDUARD.—¿Tuviste una... esposa?

ANNA.—¡Irene!

GEORG.—Sí. Y también un hijo.

ANNA *(emocionada).*—¿Un hijo?

GEORG.—Sí.

ANNA.—¿Dónde están...?

Georg.—Mi mujer se fue de mi lado y el niño, que dejó conmigo… *(deliberadamente frío)* está muerto. Sí. Ya veis, amigos míos: el destino no quiere que me quede fundido con el suelo a través de las preocupaciones cotidianas. Los hombres como yo tienen que ser libres si quieren sobrevivir. Adiós. *(Sale.)*

Eduard.—¡Georg! *(Quiere ir tras él.)*

El pequeño ha empezado a tomar la sopa.

Anna.—¡Déjalo, déjalo! No vamos a quitarle lo último que le queda.

Eduard.—¿A qué te refieres? *(Mirándola.)*

Anna le pone al pequeño la servilleta en el cuello.

Eduard se acerca a Anna y le acaricia el pelo.

Anna no levanta la mirada.

Eduard *(asintiendo, dando a entender que ha entendido).*— Está bien…

Se sientan y comen.

Telón

II. Cassian el valiente

Obra para marionetas en un acto

Personajes

Martin
Sophie
Cassian
Un criado

Buhardilla amueblada al estilo de finales del siglo XVII. Pequeña ciudad alemana. Por la ventana, vista a tejados y torres y, más allá, a un paisaje con colinas sobre el que brilla la luz rojiza del sol de la tarde. En la habitación reina cierto desorden. Un arcón abierto. Un armario abierto y medio vacío. Ropa colgada por las sillas. MARTIN está preparando una bolsa de viaje. SOPHIE está delante de él.

MARTIN.—No llores, pequeña, no llores.

SOPHIE.—Ya estoy tranquila.

MARTIN *(sin volverse)*.—Por tu respiración sé que estás llorando.

SOPHIE.—¿Te ayudo?

MARTIN.—Te lo agradecería. Mira, ahí, en el armario, arriba del todo, están los pañuelos.

SOPHIE *(va hacia allí).*—Nuevos… De seda…

MARTIN.—Dámelos. No te enfadarás conmigo porque me lleve de viaje los nuevos pañuelos de seda.

SOPHIE.—¡Y la magnífica gorguera de encaje!… La que le habías comprado al comerciante persa.

MARTIN.—Por supuesto. ¿O quieres que para viajar tu amado se vista como un artesano?… Tráeme la gorguera. *(Sophie se la lleva lentamente. Martin señala la gorguera.)* ¿No es esto una lágrima?

SOPHIE *(con sencillez).*—Perdona.

MARTIN.—Bueno, bueno… *(Benévolo; se acaricia ligeramente los labios con la gorguera.)* Ya ves que no estoy enfadado contigo. Pero tranquilízate de una vez, por favor. *(Ocupado.)* No me voy para siempre.

SOPHIE.—Eso espero.

MARTIN.—Muy bien.

SOPHIE.—¿Pero por cuánto tiempo…?

MARTIN.—¿Cuánto? ¿Quieres obligarme a mentir, pequeña? No sé por cuánto tiempo.

SOPHIE.—Marzo ha terminado.

MARTIN.—Lo sé.

SOPHIE.—Cuando hace poco salimos a pasear, las violetas habían florecido en el prado que está delante de las murallas de la ciudad.

MARTIN.—¿Y eso a qué viene?

SOPHIE.—¿Volverás cuando florezcan las lilas?

MARTIN.—Antes, quizá… Aunque también puede que un poco más tarde… O cuando los melocotones estén maduros… ¡Yo qué sé! En cualquier caso, regresaré si estoy vivo, y eso espero.

SOPHIE *(temerosa)*.—Si te reclutan, Martin…

MARTIN.—¿Reclutar?… No tengo la menor intención. No tengo ganas de pelearme con nadie. Eso no es lo mío.

SOPHIE.—¡Pero una vez que te hayas ido! He visto cómo saben atraer, ¡con astucia y engaños! Y tu primo Cassian, de quien tanto me has hablado, es soldado.

MARTIN.—¡Cassian el valiente! Sí, pero su caso es diferente. Cuando tenía trece años, ya mató a golpes a dos ladrones… Para él, la vida de un hombre vale lo mismo que la de un mosquito. ¡Menudo es!

SOPHIE.—Me gustaría conocerlo.

MARTIN.—¡A Cassian!… ¡Es un héroe! Apuesto lo que sea a que más pronto que tarde llegará a coronel, general… mariscal de campo… Si yo fuese Cassian, hace tiempo que me habría hecho con un ducado. Pero pronto nos enteraremos de algo parecido, seguro… ¡El valiente Cassian! Pero yo soy hombre pacífico y toco mi flauta.

SOPHIE.—¿Y si te ofrecen una prima por alistarte?

MARTIN.—¿Una prima por alistarme?… ¿Acaso soy un pobre diablo?

SOPHIE.—Martin, si continúas así, pronto no quedará nada de todo el dinero que has ganado.

MARTIN.—Podría llegar muy lejos con estos mil ducados. ¡Los míseros mil ducados que les saqué a los estudiantes de aquí! ¡Los mendigos de la ciudad!

SOPHIE.—¿Sabes lo que dicen?

MARTIN.—Me lo puedo imaginar.

SOPHIE.—Que tienes un pacto con el diablo.

MARTIN.—Para ellos, el ingenio y la suerte son cosas del diablo. ¡Os vais a llevar una sorpresa! *(Va de aquí para allá, se asea.)*

SOPHIE.—¡Ay, Martin, Martin!

MARTIN.—¿Qué quieres ahora?

SOPHIE.—¡Quédate, no te vayas! ¡Tengo el presentimiento de que no me serás fiel!

MARTIN *(desconcertado).*—¿Te he dado motivos para que pienses eso?

SOPHIE.—¿Pero qué sé de ti? Llegaste en otoño a nuestra ciudad y en Navidad me diste el primer beso.

MARTIN.—Bueno, ¿y? ¡Desde entonces has aprendido más cosas!

SOPHIE.—¿Fue tu primer beso, como el mío fue el primero?

MARTIN.—Te lo puedo jurar.

SOPHIE.—¡Martin!… ¿Y no besaste a ninguna de las hermosas mujeres que en otoño bailaron en el *ballet*?

MARTIN.—A ninguna.

SOPHIE.—¿No fuiste todas las noches al teatro? ¿No esperaste, bien entrada la noche, junto a la puerta pequeña de la plaza del ayuntamiento a que volviesen a sus casas?

MARTIN.—No conocí a ninguna y no hablé con ninguna.

SOPHIE.—¿Y la flor que cogiste?

MARTIN.—Ya está bien de chiquilladas.

SOPHIE *(insistente).*—¿Cómo se llama la que lanzó las flores?

MARTIN.—Ya no me acuerdo.

SOPHIE.—Aquella noche bailó haciendo el papel de la joven cautiva de Atenas.

MARTIN.—Puede ser.

SOPHIE.—¡Aún la estoy viendo! Como serpientes en la nieve se ensortijaban sus rizos negros sobre los hombros. Todos los que la veían se volvían locos de placer. Y el príncipe heredero le lanzó rosas rojas al escenario... ¡Ah, bien lo sé! Y después, cientos de personas la esperaron en la calle; y cuando llegó con el ramo en la mano, todos dieron gritos de júbilo, y ella sonrió, miró a su alrededor y lanzó el ramo a la multitud... Y tú, sí, tú... ¡tú! Te agachaste y luchaste por conseguir una de las rosas y la cogiste del suelo y la guardaste, ¡lo vi perfectamente!, en el pecho.

MARTIN (inconscientemente, se echa la mano al pecho. Mira furtivamente a Sophie para comprobar si lo ha visto).—Bueno, ¿y? Se ha ido, no he vuelto a saber nada de ella.

SOPHIE.—Pero yo tengo miedo de que por una mujer así me olvides y me traiciones.

MARTIN.—¡Tonterías!

SOPHIE.—Martin, pienso que todas esas que sin hogar van por el mundo son falsas, por muy bellamente que bailen o canten. ¡Y piensa que si me olvidases, también para ti sería una desgracia!

MARTIN (impaciente).—¿Qué hora es?

SOPHIE.—Han sonado las campanas para las vísperas.

MARTIN.—¡Aún tres horas!... Tres largas horas hasta que parta la posta.

SOPHIE.—¿Largas, largas...?

MARTIN.—¿Te he hecho daño?

SOPHIE *(estallando)*.—¡¿Por qué… por qué te vas?!

MARTIN.—¿Otra vez la estúpida pregunta? Porque algo tira de mí… La sangre que corre por mis venas… La primavera, ahí fuera… ¡Quiero ver cosas nuevas: gente, ciudades!… Me irritan estas paredes, me ahogan estos muros… Ya no llegan las canciones a mis labios… *(De aquí para allá; ve la mirada preocupada de Sophie.)* ¡Es una estupidez hacer esto la última hora antes de despedirnos!… ¿Por qué no te vas a casa, Sophie? Se está haciendo tarde.

SOPHIE.—Si quieres, me voy ya.

MARTIN.—No es que quiera, pero tu madre…

SOPHIE.—Hoy puedo estar contigo un poco más. Quería acompañarte hasta la casa de postas.

MARTIN.—¿Sí?… Vale, está bien. Así podemos cenar juntos.

SOPHIE.—Claro.

MARTIN.—Vamos.

SOPHIE.—¿A dónde?

MARTIN.—Había pensado, como hace poco, junto al río, en la taberna El Cisne Dorado.

SOPHIE.—¿Allí?

MARTIN.—¿No quieres?

SOPHIE.—¡Pero date cuenta! Los soldados y los estudiantes que miran con tanto descaro…

MARTIN.—¿Y por eso no quieres ir? Qué más nos da.

SOPHIE.—¿Hace poco no estuvisteis a punto de pelearos con las espadas?

MARTIN.—No fue culpa mía. No soporto que te miren de forma inapropiada.

SOPHIE.—¿No sería más seguro quedarnos en casa?

MARTIN.—Probablemente. Pero no hay nada para comer. Doña Brigitte se fue por la tarde y mi criado no vendrá hasta más tarde para llevar la bolsa de viaje a la casa de postas.

SOPHIE.—Iré a buscar algo.

MARTIN.—¿Quieres?

SOPHIE.—Un poco de pescado frío, algo de repostería, naranjas y dátiles. ¿Te parece bien?

MARTIN.—¡Mi pequeña! Cuando yo no esté, ¿qué harás por la noche?

SOPHIE.—Pensar en ti... ¡Qué más puedo hacer! *(Abrazo triste.)*

Casi ha oscurecido. Pasos sonoros en la escalera. Levantan la mirada. Entra CASSIAN *con un uniforme fantástico.*

CASSIAN *(en voz muy alta y enérgica).*—¿Es aquí?

MARTIN.—¡Primo Cassian!

CASSIAN.—Sí, soy yo... ¿De quién es esa voz?... Es la voz de mi primo que suena en la oscuridad... ¡Saludos, primo Martin!... Y buenas noches a la bella señorita.

MARTIN.—Por muy oscuro que esté, ve enseguida si una mujer es guapa.

CASSIAN.—La inteligencia ve más que los ojos. Si fuese la vieja tía Cordula, hace tiempo que habrías iluminado esto.

MARTIN.—¡Luz, Sophie, luz, para que veas a mi compañero de juegos de la infancia, al hijo del hermano de mi padre, a Cassian el valiente!

SOPHIE se ha acercado a Cassian y lo observa. Se miran a los ojos. A continuación, SOPHIE *ilumina la buhardilla.*

MARTIN.—¿De dónde vienes, Cassian?… ¿A dónde vas?… ¿Cuánto tiempo te quedas?… ¿Qué te ha traído aquí?

CASSIAN.—Demasiadas preguntas para alguien que tiene hambre y sed y está agotado.

MARTIN.—Sophie, ahora tienes que traer cena para tres. Y date un poco de prisa, no tenemos mucho tiempo… Pescado frío, algo de repostería, naranjas y dátiles, como habías dicho.

CASSIAN.—¿Y no ha dicho nada del champán, señorita? Mucho lo sentiría.

SOPHIE.—Traeré todo lo que desee.

MARTIN.—¡Y vuelve pronto!

SOPHIE.—Hasta luego.

CASSIAN *(se echa sobre la cama)*.—¡Magnífica! ¡Podría dormir veinticuatro horas seguidas!

MARTIN.—Si quieres, no tienes por qué levantarte. Salgo de viaje.

CASSIAN.—Eso está bien. ¿Y me dejarías tu habitación por una noche?

MARTIN.—Todo el tiempo que quieras.

CASSIAN.—¿Y quizá también a la señorita que ha ido a buscar la cena?

MARTIN.—Aquí termina mi derecho a dar y el tuyo a pedir.

CASSIAN.—¡Vaya, vaya! Hace un año no habrías respondido tan rápido.

MARTIN.—Y hoy, un año más tarde, tal vez en lugar de una respuesta…

CASSIAN.—Me habrías atravesado con tu espada. Permite que lo diga yo, de lo contrario esto podría terminar muy mal.

Y sería una estupidez, porque me gustaría seguir siendo amigo tuyo. Dame la mano.

MARTIN.—Aquí la tienes.

CASSIAN.—Deja que te mire. Has cambiado. Ha desaparecido tu manera de ser tímida y piadosa... Por lo que parece, la ciudad te ha transformado. ¿Aún vas a la iglesia?

MARTIN.—¡Ah, Cassian, la vida ya tiene bastante cielo e infierno!... ¡Para qué quiero iglesia y curas!

CASSIAN.—¡Estupendo! ¡Estupendo!... ¿Qué te ha pasado? ¿Le has robado al *sha* de Persia la corona de la mesilla de noche?... ¿Te marchas mañana en un carruaje dorado con seis caballos blancos a la lejana India?... ¿Has envenenado al obispo de Bamberg y ahora te persiguen?... ¿Vas a cazar leones a África?... ¿Te ha invitado el sultán a su harén?... ¿O eres el tipo que hace poco en el camino entre Worms y Maguncia asaltó el coche en el que iban la hermosa condesa de Wespich y su bella hija?... ¿Eres quién ahorcó al cochero y a ambas damas le hizo los hijos que antes de ayer vinieron al mundo a la misma hora?

MARTIN.—Ninguno de esos.

CASSIAN.—Ah, lo había intuido: la chica que ha ido a buscarnos dátiles y naranjas es una princesa disfrazada.

MARTIN.—¡Pero no estamos hablando de ella!

CASSIAN.—Bueno, hay alguien que puede despertar la curiosidad de Cassian... ¡Y ese alguien es mi pequeño primo Martin!

MARTIN.—¡Entonces, escucha! (*Saca una flor de su jubón.*) Esta flor es de alguien con quien no he hablado nunca y de quien estoy locamente enamorado. En otoño estuvo en la ciudad para bailar… Se llama Eleonora Lambriani… *(Se tambalea.)*

CASSIAN.—¿Qué te pasa?

MARTIN.—Cuando digo su nombre, me mareo.

CASSIAN.—¿Eleonora Lambriani?… ¿La amante del duque de Altenburg?

MARTIN.—¡En el pasado!

CASSIAN.—¿La que en Fontainebleau por las noches en los jardines de palacio bailó sin velos ante el rey de Francia y sus oficiales?

MARTIN.—¡Hay que ser tonto para no entenderlo! Estaba embriagada por su belleza.

CASSIAN.—¿La que tiró al conde de Leigang desde la ventana al patio para que los perros se lanzaran sobre él y el arrancasen una oreja?

MARTIN.—Era solo un piso de altura y conservó la otra oreja…

CASSIAN.—¿La que una vez juró satisfacer durante noventa y nueve noches a un amante distinto cada noche, de los cuales el de menor caché era un príncipe, y la que cumplió su juramento y en la noche número cien metió en su cama a un muchacho de Saboya con su organillo?

MARTIN.—¡Sí, esa es, esa es! ¡La mísera, la más maravillosa, la más hermosa! ¡Y quiero… debo tenerla y después, morir!

CASSIAN.—¿Eso quieres? Hum… Quizá puedas conseguirla por cuatro perras. Pero también es posible que pida diez mil ducados por un beso en la punta de los dedos. Es posible que ante tu mirada deseosa se rasgue la camisa por la mitad, pero también puede ser que te mande a luchar contra mil turcos antes de que te permita soltar la hebilla de sus zapatos.

MARTIN.—Estoy preparado.

CASSIAN.—¿Sabes dónde está?

MARTIN.—En Homburgo. Baila en las celebraciones con motivo del encuentro entre monarcas. Y mañana por la mañana estaré allí.

CASSIAN.—¿Dónde has enterrado tus tesoros?

MARTIN.—Hoy aún están en bolsillos ajenos, pero mañana antes del anochecer seré rico.

CASSIAN.—¿Cómo lo conseguirás?

MARTIN.—¿Acaso no sabes que esos días en Homburgo se juntan todos los jugadores de Europa?... Mía es la riqueza de quien juega conmigo. Cuando se tiene suerte, un día es mucho tiempo. Y por la noche iré al teatro, me sentaré en el proscenio, veré bailar a Eleonore y después esperaré delante de su puerta y pondré a sus pies mis riquezas, mi corazón y mi vida.

CASSIAN.—¿Y si no quiere saber nada de ti?

MARTIN.—A medianoche seré un cadáver.

CASSIAN.—Tu fantasía tiene las patas muy cortas. A eso de la una de la noche, bailaré con ella un minueto sobre tu tumba mientras el emperador de China observa desde un globo.

MARTIN.—Tienes razón en burlarte de mí, Cassian, pues solo conoces mis esperanzas y deseos, pero no mi fuerza y mi habilidad. No sabes que ganaré necesariamente.

CASSIAN.—¿Necesariamente?

MARTIN.—Caigan como caigan los dados, siempre lo hacen a mi favor.

CASSIAN.—¿Estás seguro?

MARTIN.—Tan seguro como de mis ojos y de mano.

CASSIAN.—¿Lo has probado?

MARTIN.—Por supuesto. Al principio jugué contra mí mismo. Cuando estuve seguro, invité a mis amigos, estudiantes como yo; todos perdieron y hoy tengo en mis bolsillos todo el dinero de la ciudad. No es mucho, mil ducados, pero es suficiente para la ropa, el viaje y las primeras apuestas.

CASSIAN.—Me pica la curiosidad… ¿Estás completamente seguro?

MARTIN.—¡Prueba y verás! Aquí tengo cubilete y dados; juguemos.

CASSIAN.—Magnífico. *(Coge el cubilete.)* ¿Pero qué pasa con la bella señorita que ha ido a buscar nuestra comida?

MARTIN.—¡La pobre! Cuando nos despedimos en otoño y tú te alistaste en el regimiento y me vine a la universidad, yo era un joven inocente, aún no había besado a ninguna chica, no había jurado amor a nadie. ¿Podía presentarme así ante Eleonore?… ¡No me atreví! En los brazos de Sophie aprendí a besar, le hice los juramentos que tanto les gusta oír a las muchachas. Me hice pasar por apasionado, celoso, tierno y sé hacer lo que quiera con una mujer. Pero aún falta una prueba que me proporcione el sentimiento fuerte y victorioso para no temblar ante mi adorada. Antes de abandonar la ciudad, quiero decirle a Sophie que no volveré a verla, jamás; y tú serás testigo de cómo correrá hacia esta ventana para tirarse por ella.

CASSIAN *(agitando el cubilete con los dados).*—¡Tu apuesta, primo Martin! ¿Cómo? ¿Solo un ducado?

MARTIN.—Así empiezo.

CASSIAN *(tira los dados).*—Tres.

MARTIN *(ídem)*.—Cuatro.

CASSIAN.—Tampoco ha sido nada especial.

MARTIN.—Suficiente para ganar.

CASSIAN.—Diez.

MARTIN.—Once.

CASSIAN.—Doce… ¡Ja, ahora sí que no ganarás!

MARTIN.—Doce.

CASSIAN.—¡Demonios! ¡Once!

MARTIN.—Doce. ¡Adelante!

CASSIAN.—¿Adelante? He terminado, no me queda ni una moneda. *(Entra SOPHIE.)*

CASSIAN.—Querida señorita, aquí tiene a alguien que en este momento es pobre como las arañas…

MARTIN.—No digas eso… Toma, amigo mío, un ducado. Te lo presto.

CASSIAN *(se lo guarda en el bolsillo del chaleco)*.—Nunca se sabe…

SOPHIE *(prepara la mesa, echa de beber)*.—¿Entonces es verdad que tiene un sistema con el que siempre gana?

CASSIAN.—Eso parece… Gracias. A su salud, señorita… A tu salud, primo Martin… Quién me habría dicho ayer mismo que hoy estaría sentado ante una mesa para comer con amigos… ¡Tiene usted una casita preciosa, señorita!

MARTIN.—De verdad que es preciosa. No la tenías cuando saliste a buscar la comida.

SOPHIE.—Yo vivo aquí al lado. Fui un momento a mi habitación… Hay que arreglarse un poco cuando tu amor tiene tan distinguida visita.

MARTIN.—Sabe lo que le sienta bien, ¿verdad?

CASSIAN.—Y también sabe lo que está bueno. ¡Juro que el pastel de trufas que desayuné en casa del duque de Andalucía es un ridículo bocado para mendigos comparado con esto!

MARTIN.—Eso no parece muy posible… El pastel procede de una taberna muy modesta y el cocinero probablemente nunca haya salido de la ciudad, ¿verdad, Sophie?

SOPHIE.—Te equivocas. De camino a casa, pasé por el mercado y entré en El Camello Peregrino. Ahí tienen un cocinero al que el gran duque de Parma expulsó de la ciudad porque cocinaba tan bien que la princesa quería casarse con él.

CASSIAN.—¡Vivan el gran duque, la princesa y el Camello Peregrino… y usted, señorita! *(Beben.)* ¡Delicioso!… No sabía que aquí tenían un vino tan exquisito.

MARTIN.—De eso no falta en la ciudad. Y son tan baratos como en cualquier otra parte. Trece *groschen* la botella, ¿verdad, Sophie?

SOPHIE.—No, Martin. Este es el mejor vino que tienen en El Camello Peregrino. La botella cuesta un ducado.

MARTIN.—¡Demonios! ¿Te lo han dado por tu cara bonita?

SOPHIE.—No. Dejé en prenda el brazalete dorado que me regalaste hace poco… ¿Acaso no debería, cuando tenemos una visita tan distinguida?

CASSIAN.—Tengo buena sed y el vino es mejor, pero su amabilidad, señorita, es mejor que la sed y el vino. Permítame que le bese la mano, señorita.

SOPHIE.—No me llame «señorita», hace que me avergüence. Mi madre es una pobre viuda y mi padre era un herrero.

CASSIAN.—Quizá pueda convencer de eso a quien sepa poco del mundo y de las mujeres… Su padre no era herrero.

SOPHIE.—Se lo aseguro, señor oficial… Mi madre es una mujer respetable.

CASSIAN.—Nadie pone en duda, señorita, que su madre fue virtuosa según su buen criterio, pero estoy dispuesto a jurar que mientras la llevaba a usted en su seno, su madre se enamoró de la mismísima diosa Venus, quien probablemente se le apareció en un sueño. Estas cosas les suceden incluso a las mujeres más respetables; yo mismo fue invitado al sueño de una noble dama a quien se le apareció un príncipe moro ¡y que trajo al mundo una niña negra como el carbón! *(Suenan las campanas.)*

MARTIN *(impaciente)*.—¡El postre! ¡El tiempo apremia!… ¿Cómo? ¿No hay nada más? ¡Ay, Sophie, a pesar de todo tu cuidado se te ha olvidado algo!

SOPHIE.—¡Oh, no! *(Trae una cesta con frutas.)*

CASSIAN.—¡Estupendo!… Huelen tan frescas como si acabasen de ser cogidas del árbol.

MARTIN.—¿Cómo has conseguido unas frutas tan buenas?… ¿Cómo es que hay fruta como esta en la ciudad?

SOPHIE.—Es una casualidad. Vi esta cesta en el escaparate de Silvio Renatti.

CASSIAN.—Hermosísima, para engalanar una mesa señorial.

SOPHIE.—Y para eso era. Hoy, el alcalde recibió al príncipe de Dessau, quien se detuvo en la ciudad de camino al campo de batalla…

MARTIN.—¿Y?… ¿Soy yo el alcalde? ¿Es este el príncipe?

SOPHIE.—No.

MARTIN.—¿O te he regalado más joyas de las que recuerdo y con las que has podido pagar esta cesta?

SOPHIE.—¡Oh, no! Esta factura la pagué de otra manera.

MARTIN.—¿Y cómo, si se puede saber…?

SOPHIE.—El joven italiano que estaba en la tienda quería a cambio un beso…

MARTIN.—¿Y pagaste así?

SOPHIE.—¿Acaso no debía, cuando tenemos una visita tan distinguida?

CASSIAN.—Ha actuado usted, señorita, con una nobleza y una hospitalidad que van más allá de toda medida. Pero juro que aunque esta fruta proceda de la tórrida Sicilia, aunque el que la haya cogido haya muerto de insolación, aunque quien la trajo a Alemania hubiese muerto de nostalgia y el alcalde y el príncipe se hubiesen vuelto locos por tener que privarse de semejante postre, el insolente italiano ha cobrado mil veces más por encima de su valor, y me lo pagará antes de que me marche de la ciudad… Pero ahora vamos a degustar la fruta.

Comen.

SOPHIE mira Cassian. MARTIN la observa. Silencio.

MARTIN *(a Cassian).*—¿Y de dónde vienes?

CASSIAN.—¿De dónde? ¿Lo digo en pocas palabras o cuento toda la historia?

MARTIN.—Si puedes, en pocas palabras.

CASSIAN.—No es tan sencillo. Vengo de una batalla en la que me mataron dos caballos sobre los que montaba y en la que tres disparos me quitaron de la cabeza sendos sombreros. Además, vengo de una prisión en la que algunos valientes camaradas se mueren de hambre y son devorados por las ratas.

Además, del patíbulo, donde a mi lado fusilaron a siete y junto a quienes me arrojaron a una fosa, aunque todas las balas solo pasaron rozándome. Además, de las garras de un buitre que me tomó por carroña, como a los otros que a mi lado ya habían empezado a descomponerse, y me soltó desde una altura como de una montaña, aunque afortunadamente caí sobre un pajar. Además, de un bosque, en donde un par de comerciantes me tomaron por un fantasma y que al huir espantados dejaron atrás todo tipo de buenas mercancías y dinero. Además, de una casa muy alegre en la que croatas, circasianas y españolas lucharon por mí con espadas y cuyos galanes querían matarme, así que escapé al tejado por la chimenea y salté desde una altura de cinco pisos… En resumen: vengo de tantas aventuras que a otro le costaría más inventarlas de lo que a mí me costó sobrevivirlas.

Sophie.—¡Maravilloso!

Martin.—¡Extraño!… ¡¿Y de todos esos peligros saliste –sí que tuviste suerte– sin herida ninguna?!

Cassian.—Diría eso si fuese un fanfarrón, pero como no lo soy… ¡Mirad!

Sophie.—No veo nada.

Cassian.—¿Cómo, señorita, no ve que tengo rota la uña del dedo meñique?

Bebe. Sophie lo mira asombrada.

Martin *(cada vez más molesto)*.—Ahora ya sabemos de dónde vienes, pero ¿a dónde vas?

Cassian.—En cuanto me haya recuperado de mi herida, regresaré a mi regimiento.

Sophie.—¡Ah, si me llevase con usted!

MARTIN.—¿Estás loca, Sophie?

SOPHIE.—¿Qué voy a hacer aquí? Creo que una ágil vivandera es bienvenida en todas partes en tiempos de guerra.

CASSIAN.—¡Deme su mano, señorita! ¡Trato hecho!

MARTIN.—¿Qué le has echado en el vino, Cassian?

CASSIAN.—Qué te importa a ti lo que haga la señorita cuando te vas de viaje.

MARTIN.—Te lo desaconsejo, Sophie, te lo desaconsejo. ¡Piensa en tu madre!

SOPHIE.—¿Se regimiento está lejos de aquí?

CASSIAN.—Un día y una noche de viaje, señorita.

MARTIN.—¡Demonios, demonios!

CASSIAN.—¿Qué pasa?

MARTIN.—¿Dónde está mi criado? La impaciencia me está matando. ¡Voy a perder el correo!

CASSIAN.—¿El tiempo se te está haciendo largo? Vamos, primo, tampoco a mí me gusta perderlo… ¡Una partidita!

MARTIN.—¡Ja! ¿Conmigo? Olvidas que ya no tienes dinero.

CASSIAN.—¡Eh! Un rico primo mío me ha prestado un ducado. Supongo que con él puedo hacer lo que quiera.

MARTIN.—Por supuesto que puedes. Y para mí será un placer quedarme, además de con ese ducado, con tu jubón, tus medias y tu espada.

SOPHIE.—Martin, ¿cómo se te ocurre tratar así a tu invitado?

CASSIAN.—¡Saca los dados!

MARTIN.—¡Una partida triste, patética! Empiezo yo. ¡Doce! La fiesta se ha acabado.

CASSIAN.—¡Espera, me toca a mí! ¡Doce!

MARTIN.—Diez.

CASSIAN.—Once.

MARTIN.—Dos.

CASSIAN.—Tres. ¿Todo eso?

MARTIN.—Ya lo ves. ¿Tienes miedo? Cuatro.

CASSIAN.—Cinco.

MARTIN.—¡Once! Esto ha cambiado.

CASSIAN.—Doce.

MARTIN.—¡Adelante!

CASSIAN.—No vas a tener suficiente…

MARTIN.—¡No te preocupes! Aquí está mi bolsa de viaje; dentro hay más de lo que imaginas. *(Tira los dados.)* ¡Once!

CASSIAN.—¡Doce! Y es mío.

MARTIN.—¡Mi armario! ¡Mi cama! ¡Mi manta! ¡Recibirás lo tuyo! ¡Once!

CASSIAN.—Así será. ¡Doce! ¡He ganado! Y ahora, basta.

MARTIN.—¿Basta?… ¡Otra! El criado estará a punto de llegar. Una más, ¡esto no puede seguir así!

CASSIAN.—¿Qué te queda por apostar?

MARTIN.—¡Demonios, todo lo que llevo encima! ¡Y el criado! ¡Y el billete de mi viaje!

CASSIAN.—No es suficiente.

MARTIN *(señalando a Sophie).*—¡Y a ella!

SOPHIE.—¡Martin!… Me entrego sin más. *(Se sienta en el regazo de Cassian y lo abraza.)*

MARTIN.—¡Canalla! ¡Canalla! ¿Qué le has puesto en el vino? ¿No me oyes? ¡Te he llamado canalla!

CASSIAN *(se pone en pie).*—¡Ah! ¡¿Me lo dices en serio?!

MARTIN.—¡Venga, vamos!

CASSIAN.—¡Lo arreglamos delante a las puertas de la ciudad!

SOPHIE.—¡Por el amor del cielo! ¡Cassian, Cassian!

MARTIN.—No tengo tiempo para ir hasta allí. Aquí hay espacio suficiente.

CASSIAN.—Como quieras, primo.

SOPHIE.—¡Cassian, he de perderle tan pronto? *(Cassian se ríe.)*

MARTIN.—No hay tiempo para risas. ¡Vamos, vamos!

Luchan.

CASSIAN.—¡No está mal! Lo has hecho bien… Siete u ocho años más y serás un rival peligroso, aunque no para mí. *(Le clava la espada en el corazón.)*

MARTIN *(se desploma).*—¡Ay, ay!

SOPHIE *(corriendo hacia Cassian).*—¿Y a usted no le ha pasado nada?

CASSIAN.—Lo siento, primo Martin…

CRIADO *(entra).*—Ya estoy aquí, señor.

CASSIAN.—Ahí está. Coge la bolsa de viaje… ¡Así!

MARTIN.—¡Mis ojos se nublan!…

CASSIAN.—¿Qué dices, primo Martin?

MARTIN.—… las sombras de la muerte…

CASSIAN.—¿Cómo se llamaba?… Eleonore Lambriani… Habría merecido la pena esperar un día más…

SOPHIE.—Eleonora Lambriani… ¡¿Quién es esa?! ¡La joven de Atenas! ¡Así se llamaba!

MARTIN.—¡Sí, pobre, pobre, si supieras!… Eleonora… Aquí está la flor… La guardé… Es la misma… llévasela tú, primo Cassian… llévasela… y salúdala de mi parte…

CASSIAN.—¡Por el cielo que se la daré y más cosas para que esté más contenta!

SOPHIE.—¿Cómo? ¿Me deja por Eleonora Lambriani?

CASSIAN.—No puedo negarlo. Pero no será mañana por la mañana.

SOPHIE.—¡Ay de mí!… *(Corre a la ventana y se tira a la calle.)*

MARTIN *(quiere ir tras ella, pero se desploma).*—¡Sophie, Sophie! *(Cassian corre tras ella y se tira por la ventana. Martin se dirige al criado.)*—¡Ay, ay, no puedo moverme! ¡Mira a ver qué le ha pasado!

CRIADO *(va a la ventana).*—Ha sucedido algo realmente milagroso. El caballero que ha saltado ha cogido en el aire a la señorita que ha saltado y han llegado sanos y salvos al suelo…

CASSIAN *(bramando desde la calle).*—¡Eh! ¿Es para hoy? ¡Criado! ¡La bolsa de viaje, rápido! ¡No quiero quedarme en tierra! Y aún tengo que darle al insolente italiano una cuchillada entre las costillas.

CRIADO *(grita hacia abajo).*—¡Enseguida, señor!

MARTIN.—Dame la flauta antes de que te vayas… Gracias… ¡Espera!… De camino a la posta, toca la campana de la encrucijada número diecisiete…

CRIADO.—Número diecisiete…

MARTIN.—Estoy perdiendo las fuerzas… Ven a buscar mi cadáver a medianoche. ¿Me has oído?

CRIADO.—A medianoche. Lo haré, señor. *(Sale.)*

MARTIN *(toca la flauta).*—Qué amargo es morir solo cuando un cuarto de hora antes se era amado, se tenía dinero y grandes esperanzas. Es, verdaderamente, una broma de mal gusto, y lo cierto es que no estoy de humor para tocar la flauta. *(La deja caer y muere.)*

A lo lejos suena la trompa de postillón.

Telón

Ilustración para la primera edición de *Zum grossen Wurstel* en el n.º 926
del 23 de abril de 1905 del periódico vienés *Die Zeit*

III. El gran retablo[1]

Farsa en un acto

Personajes

El director
El poeta
El benévolo
El mordaz
El simplón
Un ciudadano
Su mujer
Segundo ciudadano

---

[1] El título original, *Zum grossen Wurstel*, hace referencia al teatro de marionetas con obras cómicas improvisadas y protagonizadas por Hanswurst en su versión vienesa (en la que Hanswurst se convierte en Wurstel, Kasperl, etc.). A la hora de traducir el título de la obra, se podría haber puesto, p. ej., *El gran teatro de marionetas* (aprovechando, además, como verá el lector, que junto a este nuevo escenario está el pequeño y tradicional teatro de títeres del Prater; una fotografía de este ilustra la contracubierta del presente volumen). Pero finalmente opté por usar la palabra 'retablo' pues no solo indica exactamente la parte escenográfica de aquello a lo que remite el título (*DRAE*: «retablo. 3. m. Pequeño escenario en que se representaba una acción valiéndose de figurillas o títeres»), sino que sin duda evocará inmediatamente en el lector en español referencias culturales (literarias y musicales, p. ej., Cervantes y Falla), de manera que la fuerza de la fantasía «inconsciente» en este caso se conserva de la misma manera que, p. ej., en un lector austríaco al leer el título original. *(N. del T.)*

Sus dos hijas
Primer alborotador
Segundo alborotador
El conde de Charolais[2]
El maestro[3]
Un luchador
Un hombre en la platea
Un desconocido con abrigo azul
Ciudadanos, soldados, camarero, niños, etc.

Títeres

El duque de Lawin
La duquesa de Lawin
El héroe de esta obra
El amigo triste
El amigo alegre
Liesl
El escribano lúgubre, *su padre*
Un primo de Brackenburg[4], *su novio*
El razonador
Un caballero silencioso
Segundo caballero silencioso

---

[2] Protagonista de la tragedia homónima escrita por Richard Beer-Hofmann y publicada en 1904. *(N. del T.)*
[3] Protagonista del drama homónimo escrito por Hermann Bahr y publicada, también, en 1904. *(N. del T.)*
[4] Hace referencia a uno de los personajes principales de *Egmont*, tragedia de Goethe publicada en 1788. *(N. del T.)*

Una muchacha muerta
Un criado
La muerte

En el Prater. Noche. El fondo elevado del escenario lo ocupa un teatro de marionetas con el telón bajado y en cuyo cartel pone «El gran retablo». A la izquierda, inclinado, un viejo, estrecho y alto teatro de títeres. Más adelante, también a la izquierda y al fondo, un carrusel. A la derecha, inclinada hacia delante, una valla de estacas; detrás, el jardín de una fonda que se extiende hacia la derecha de manera ficticia sobre el telón de fondo; a la derecha, delante de la valla, un tablado elevado. Delante del teatro de marionetas más grande, un piano. El escenario está ocupado en su mayor parte por mesas y sillas, pero el centro está vacío, de manera que queda una calle bastante ancha desde el teatro de marionetas hasta la concha del apuntador. Gran alboroto cuando se alza el telón. A lo lejos, música militar. Delante del teatro de marionetas más pequeño, en el que se representa una obra (dos pequeñas figuras se pelean, las atrapa el diablo, etc.), niños acompañados de adultos. Una mujer gorda recoge monedas en una taza de hojalata entre el público. El carrusel está en movimiento, con niños y adultos. En el tablado de la derecha, una mujer termina de cantar su cuplé. Aplausos. La mayor parte de las mesas están ocupadas; la gente come y bebe. – El CIUDADANO y su MUJER, el SEGUNDO CIUDADANO con sus DOS HIJITAS, etc., SOLADOS, CIUDADANOS, MUCHACHAS. Llegan más gente, entre ellos, el MORDAZ y el BENÉVOLO.

EL BENÉVOLO.—¿Qué le parece si nos sentamos aquí?

EL MORDAZ.—¿Por qué?

EL BENÉVOLO.—¡Ah, un chiringuito nuevo!… Al menos yo no lo conocía.

El MORDAZ.—¿Chiringuito? Puede ser… ¿Nuevo? Ya veremos.

EL SIMPLÓN *(llega con unos amigos)*.—¡Ah, mirad allí! ¿No es nuevo? ¡Eh, camarero, cerveza!

CAMARERO.—Enseguida…

Dos adolescentes reparten octavillas con el programa. El PIANISTA *empieza a tocar; a continuación llega el* DIRECTOR *vestido de chulo vienés, se pone en un escalón delante del teatro y habla con tono de pregonero (en dialecto vienés, a veces en un alemán forzado con acentos incorrectos).*

DIRECTOR.—¡Caballeros! Van a presenciar ustedes el galardonado y novísimo teatro de títeres, también llamado teatro de marionetas, un teatro que pretende y confía en hacer completamente innecesaria la visita a cualquier otro teatro, pues la observación o incluso el examen del programa demuestra que aquí se satisfarán las necesidades dramáticas del respetable público. En este teatro aparece nada más y nada menos que el duque de Lawin, una personalidad principesca y elegantemente vestida, así como su correspondiente esposa, una mujer absolutamente moderna vestida a la moda más rabiosa, y por si esto fuese poco, tenemos en *stock* al héroe de esta obra, aquel a quien le sucede toda la acción, así como a sus amigos, de los cuales uno es triste y, por el contrario, el otro tiene a bien ser alegre como un cascabel. Y como si esto fuese poco, aparece la señorita Liesl, una dulce chica alrededor de la cual pueden girar y pasar muchas cosas, y por si esto fuese poco, aparecen su querido padre, un lúgubre escribano, su novio, también llamado prometido, y una figura de inteligencia superior y barba negra llamado razonador. Y por si esto no fuese suficiente, en la representación de hoy participan dos caballeros que mantienen el pico cerrado y que por eso el poeta los llama silenciosos. Y por si esto no fuese bastante, también tenemos en *stock* un luchador con medallas y una fuerza gigantesca, una muchacha muerta, un sirviente con librea que abre las puertas, y lo último que hemos conseguido: una muerte como Hanswurst o Hanswurst como la muerte, por lo que lo horripilante de este drama podrá ser y será anulado. También hay que señalar que los personajes prestigiosos hablan en rima, por lo que el estandarte de la poesía se mantiene en alto y de ninguna manera se pasa por alto. – ¡Pasen y vean, damas y caballeros! De inmediato comienza una representación que comienza de inmediato.

EL BENÉVOLO.—Un tipo divertido.

EL MORDAZ.—Lo conozco… Antes trabajaba empujando los columpios… Hoy en día, cualquiera puede ser director de teatro.

EL BENÉVOLO.—¡Pero de un teatro de marionetas!

EL PIANISTA vuelve a tocar.

EL POETA (*viene hacia el frente acompañado del director*).—¡Por Dios!

DIRECTOR.—¿Qué pasa?

EL POETA.—¡La gente está comiendo!… ¡Esto no puede ser! ¡Esto es muy molesto: no están prestando atención!

DIRECTOR.—Si tuviesen hambre, no escucharían absolutamente nada.

EL POETA.—Pero esto va en contra de nuestro acuerdo. ¡Me gustaría retirar mi obra!

Se levanta el telón del teatro grande. Paisaje boscoso. Las marionetas están al fondo; se ven los hilos que parecen moverlas.

EL SIMPLÓN.—¡Están enganchadas arriba! ¡Ah, esto está bien! *(A los amigos.)* ¡Mirad!

HÉROE *se adelanta y canta acompañado por el piano*
Participo en esta obra
y hago el papel principal,
ser el héroe es mi honra
y nadie me la puede quitar.

Vuelve a la fila. Las siguientes marionetas se comportan de la misma manera.

LIESL
Aún estoy soltera,
y me llaman dulce chica
porque estamos en Viena
sea o no la verdad dicha.

DUQUE
En las carreras apuesto
y al club de polo voy,
duque de nacimiento soy
como antaño los había a ciento.

DUQUESA
Para mí, uno es poco,
sobre todo mi esposo;
dicen que soy muy mala

58

aunque aún no he hecho nada.

SEGUNDO CIUDADANO *(se pone de pie; a sus hijas)*.—Venid, pequeñas, ¡esto no es para vosotras!

PRIMERA MUCHACHA.—Pero, padre, no entendemos nada de lo que quieren decir.

PRIMER CIUDADANO.—Bueno, si no entendéis nada, nos quedamos.

LAS OTRAS MARIONETAS *en coro*
Representamos los episodios,
ninguno es más que los otros,
por eso entramos ahora todos
cantando juntos a coro.

Cae el telón del teatro grande.

EL SIMPLÓN.—Ese era el primer acto.

El BENÉVOLO *aplaude.*

EL MORDAZ.—Se ha dado prisa.

EL BENÉVOLO.—Es que me ha gustado.

EL MORDAZ.—Espere…

EL SIMPLÓN.—¿Habéis visto los hilos?

EL POETA *(al director)*.—Hay buen ambiente, ¿verdad?

El DIRECTOR *se encoge de hombros.*

Vuelve a levantarse el telón.

Escenario: Habitación amueblada al estilo actual. A la izquierda, un escritorio. Una ventana que da a la calle, una puerta a la derecha que da a la antesala y otra a la izquierda que da al dormitorio. El HÉROE está sentado ante el escritorio. LIESL entra de un salto y le tapa los ojos con las manos.

LIESL
¡Rápido, adivina quién soy!
HÉROE
¡Mi tesoro!
LIESL
Tesoro no sé, pero tuya soy.
HÉROE
Venga, haz que me lo crea.
LIESL
Tengo que irme enseguida.
HÉROE
¡Espera, solo un beso, solo una palabra de amor!
LIESL
No, y a continuación, ¿qué más? Mira qué te he traído.
Lanza flores alrededor.
HÉROE
¡Eres una cosita adorable!
LIESL
Y ahora tengo que irme.
HÉROE
¿Tan pronto?
LIESL
Así es. Tengo que ir a la tienda.
HÉROE
¡Solo un momento!
LIESL
Sí, un momento… Y luego, como hace poco, ¡los besos no tienen fin!

Héroe
¿Estás enfadada conmigo? *(Largo abrazo.)*
Liesl
¡Adiós! ¡Y el domingo nos vemos! *(Sale.)*
El mordaz.—¡La historia de siempre!
El benévolo.—¿Cómo?
El mordaz.—¡Estoy harto de las dulces muchachas!
Héroe *(solo)*
Nos vemos… Y sin saber se ha ido
que estas palabras su despedida han sido,
y que con ella, ¡ay!, no volveré a viajar
a Sievring y Weidling am Bach.
El benévolo.—¡Genial! ¡Cuánto misterio!
El mordaz.—¡¡¡Color local!!! Así cae en la trampa.
El simplón *(se ríe).*—¡Weidling am Bach! *(A sus amigos.)*
¿Os acordáis? Una vez estuvimos allí y comimos pollo empanado.

Aparece el Razonador. *Va vestido de negro y tiene una larga y cerrada barba negra; comedido y serio. Se acerca al frente y hace una inclinación.*

El mordaz.—¿Pero qué clase de máscara lleva puesta? ¡Debería saberse quién es! ¡Esta es una terrible falta de buen gusto!
El benévolo.—¿Pero quién va a ser?
El mordaz.—Aún no lo sé… ¡Pero no tardaré en saberlo!
El razonador
Yo soy el razonador de la pieza,
me callo si no hablo con inteligencia.

HÉROE *(indignado)*
Y ya que no participa en la acción,
al menos no moleste, por favor.
EL RAZONADOR *se va al fondo, se apoya en el hueco más lejano*
y se queda allí.
EL MORDAZ.—¡Oh, ahora se ponen satíricos!
En lo que sigue, solo de vez en cuando se adelanta el razonador
para decir algo. En general, permanece impasible ante los acon-
tecimientos. No se preocupa de nadie y nadie se preocupa de él.
HÉROE
Esto es lo que de mí decir quiero:
soy más de sentimientos que de hechos,
y digo en lugar de largos discursos:
soy el héroe de la obra, ni más ni menos.
Y cuando termine mi trabajo
a ser posible sin sufrir daño
en una caja verde me guardarán
con un cuidado especial.
Este destino no es de envidiar,
pero en mi cofre tengo un consuelo:
aunque soy un títere sin más
el cofre donde descanso es nuevo.
RAZONADOR
Le pregunto muy en serio
si yo no habría podido decir eso.
HÉROE
Por favor, ¿no va usted a sentarse de una vez?
A veces los héroes tienen que echar la lengua a pacer.

EL CRIADO *(entra)*
Señor, acaban de llegar, le digo,
el serio y el alegre amigo. *(Sale.)*

Entran el AMIGO SERIO, *alto, muy correcto, vestido con ropa oscu-*
ra, y el AMIGO ALEGRE, *un poco corpulento, con ropa cómoda.*

ALEGRE *(saltando)*
¡Toda esta vida cuánto me alegra!
¡Ha vuelto a despertar la primavera!
SERIO
Por doquier veo malos presagios…
¿Qué me puede estar esperando?
RAZONADOR
Con estas palabras iniciales
están bien definidos los personajes:
el alegre está siempre contento
y al triste le falta hasta el aliento.
EL MORDAZ.—¡Esto me pone de los nervios!
EL BENÉVOLO.—Eso es justo lo que tiene que hacer… ¡Ahí
está la gracia!
EL MORDAZ.—¡Más bien la desgracia!
EL POETA *(al director)*.—Me parece que la gente se aburre.
DIRECTOR.—Ya le dije que debería de haber eliminado esa
marioneta. Se lo dije aún esta mañana.
EL POETA.—Quizá todavía pueda… Voy a tachar rápida-
mente unos cuantos versos.
DIRECTOR.—Pero rápido, rápido, antes de que sea dema-
siado tarde.

El poeta *corre al fondo, aparece detrás de la ventana y dice algo al oído del razonador.*

Héroe

Os he pedido que vengáis
para que mis testigos seáis.

Serio

¿Cómo? ¿Un duelo?

Héroe

A vida o muerte.

Alegre *(con un pie en el aire)*

¡Ole! ¡No hay nada más alegre!

Serio

¿Cuándo será?

Héroe

Al atardecer

Serio

Y cuando desayunemos, llevarás un rato muerto.

El poeta *(al director)*

¡Hecho!

Razonador *(adelantándose)*

Se muera el rey o se muera el mendigo,
de la luz siguen disfrutando los vivos.

El poeta *(se lleva las manos a la cabeza).*—¡Acabo de decirle que se calle!

Héroe *(al serio)*

¿Estás seguro?

Serio

Te he visto esta noche
muerto en tu cofre.

HÉROE
¡Un sueño!
SERIO
¡Los míos se cumplen!
HÉROE *(al alegre)*
¿Y no habrás soñado tú algo feliz?
ALEGRE
Si cuento lo que esta noche he soñado,
cierran esto y nos quedamos en el paro.
RAZONADOR
Un fauno será domesticado por la moral,
de ahí que aquí las doncellas hayan podido entrar.
HÉROE
Una oscura fatalidad
me persigue sin parar.
SERIO
¡Explícate!
HÉROE
Libre de culpa no estoy, a doncellas
he seducido y roto he matrimonios,
el destino ha querido que de mis querellas
haya salido ileso, como ven vuestros ojos.
Y ahora por una que nada me concede,
por una que encima no me apetece,
por una a la que ni siquiera he visto
en duelo he de morir, mis amigos.
RAZONADOR
La venganza del destino sigue un curso arcano
y nadie conoce las consecuencias de sus actos.

SERIO
¿Quién es la misteriosa dama?
HÉROE
La duquesa de Lawin.
El serio y el alegre se alteran muchísimo y se mueven de aquí para allá.
HÉROE
¿Qué os pasa?
SERIO
¿La duquesa de Lawin?
ALEGRE *(con los pies en el aire)*
¡Miserable mujer!
SERIO
¿Eso qué le importa a él?
ALEGRE
¿La conoces?
SERIO
¿Y tú?
ALEGRE
¿Qué quieres decir?
SERIO
Los dos la conocemos…
ALEGRE
¿Igual de bien…?
SERIO
¡Eso parece!
Los hilos son menos tirantes y los dos amigos parecen perder el equilibrio.
SERIO y ALEGRE

Quiero… Debería… Puedo…
Amenazan con desplomarse y no pueden seguir hablando.
RAZONADOR
¡Se acabó lo que se daba!
¿A qué viene esta jeremiada?
Si seguís dando el espectáculo
os meten en la caja *ipso facto*.
SERIO *(con los hilos que se tensan lentamente)*
Esta vez no tuvimos suerte.
ALEGRE *(ídem)*
¡Ya llegará otra pieza! ¡Consuélate!
EL SIMPLÓN.—¿Lo habéis entendido? En la próxima comedia harán los papeles protagonistas.
HÉROE
A la duquesa juro que jamás he visto
pero su marido quiere mandarme al abismo.
Cree que soy de la duquesa el amante
pero no lo he sido ni por un instante.
El insolente me lo soltó a cara,
y yo volví a jurar que se equivocaba.
PRIMERO
Juró…
ALEGRE
Bueno, yo también habría jurado.
Entre hombres de honor es obligado.
HÉROE
El duque espera, ¡el tiempo apremia!
Pistolas… Diez pasos… ¡A la faena!
Salen los dos amigos.

El benévolo.—Es una ácida sátira de los duelos.

El mordaz.—Pues a mí aún no me corroe.

El simplón.—Tengo curiosidad por saber si tendrá lugar el duelo.

La mujer *(a su marido, el primer ciudadano)*.—Si va a haber disparos, me marcho.

Primer ciudadano.—Pero, cariño, tranquilícate…

El poeta.—¡Estas pausas dramáticas!… *(Al director.)* ¡Se lo dije, este idiota me va a echar todo a perder!

El mordaz.—Como ahora vuelva a haber un monólogo, me pongo malo.

El benévolo.—Tampoco le resultará muy complicado.

El mordaz.—¿Qué significa eso?… ¡Es usted el mordaz o lo soy yo!

Héroe
Que ahora mis padrinos
se vean como enemigos…
El mordaz da un puñetazo en la mesa.
Héroe
… por la misma duquesa
que a mí no me interesa
y por la que he de pagar el pato
me parece la mar de extraño.
¿Pero qué estoy haciendo
en mis últimos momentos?
Razonador *(se adelanta)*
Veo que ríe y saluda la primavera,
como si no le importásemos de veras.
Pero aquel al que solo un día le queda

no sabe qué hacer ni a diestras ni a siniestras.

DIRECTOR.—¿Por qué no le tachó eso?

EL POETA.—¡Esta es la más bella tirada!

DIRECTOR.—¿No ve cómo se impacienta la gente? ¡Pues imagínese si además tuviesen hambre!

EL POETA.—¡Bestias!

EL SIMPLÓN.—Mirad, ahora está escribiendo… ¡Qué bien está esto!

HÉROE *(se ha sentado ante el escritorio y escribe)*
Tuyo es, querida, todo lo que he tenido,
pero esta noche quiero ser tu marido.
(Al público.)
Pues si la dejo sin herencia
su padre la dejará tiesa,
ya que es un escribano oscuro
de una antigua caja de puros,
le importa un bledo el más allá del bien y del mal
y, para decirlo de alguna manera, es un animal.
Toca una campanilla.
EL CRIADO *entra*
Llaman, abro la puerta
y me topo con esta elementa.
Sale.
LA DUQUESA DE LAWIN *entra; con imponentes movimientos*
Soy la duquesa de Lawin, buscadora
de sensaciones a todas horas.
Esta mañana, el duque le pegará un tiro,
y usted debería saber el motivo.
Cierra la puerta con llave.

El simplón.—¡Ha cerrado con llave! ¡Atención, chicos, ahora viene lo bueno!

Héroe

¿Qué hace usted?

Duquesa

Para estar en este mundo no le quedan muchas horas,
así que démonos prisa para ponernos las botas;
me encantan las travesuras, las salvajes y locas,
¡oh, haga usted de mí lo que quiera ahora!

Segundo ciudadano.—¡Niñas, nos vamos, esto no es para vosotras!

Segunda muchacha.—¡Pero, padre, si no entendemos nada!

Segundo ciudadano.—Bueno, si no entendéis nada…

Héroe

¡Profunda es la oscuridad de este caso!
¡Duquesa, cómo hemos llegado a este paso?

Duquesa

A ti te busco desde que puedo buscar,
a otro hombre jamás he podido amar,
a mis pies tenía a toda la chusma,
palafreneros, príncipes, soldados, poetas, gentuza.
Solo el amor de los otros encontraba,
pero en mí jamás despertaba,
pues yo solo podía amar a uno
para quien yo sería lo último
y que sabría que en mi pecho rugiente
el último placer para él florece.
Por eso hoy eres el más hermoso viviente,

bello te hace la acechante muerte,
hermoso te hace que estés condenado
y que mañana todo se haya acabado.
¿Por qué estás tan triste y callado?
¡Haz conmigo todo lo que has soñado!
Se echa en sus brazos.
HÉROE *(después de una pequeña pausa, apartándola)*
Olvida usted algo, duquesa, empero:
en mi estado, ya puede estar usted como un queso.
SEGUNDO CIUDADANO.—Niñas, nos vamos…
MUCHACHAS.—¡Pero, padre, si no entendemos nada!
SEGUNDO CIUDADANO.—¡Ya, pero esto me da vergüenza
ajena! Nos vamos…

DUQUESA *(al principio mira con admiración al héroe, después
suelta una carcajada salvaje e histérica; de repente, se pone a es-
cuchar)*
¡El duque! ¿Dónde me escondo para que no me vea?
Corre al dormitorio.
HÉROE
¡En qué destino estoy enredado!
POETA *(al director).*—¡Ahora la cosa va bien! ¡La escena ha
surtido efecto!
DIRECTOR.—¡Demasiado tarde! ¡Todo esto tendría que ha-
ber salido antes!
EL POETA.—¡Pero entonces no se habría entendido nada!
DIRECTOR.—¡Pero la gente se habría entretenido!
EL CRIADO *entra*
El duque de Lawin está entrando,
si bien no lo hace en solitario.

Abre la puerta para que entren el duque y sus acompañantes y vuelve a desaparecer.

Las muchachas.—¡Oh!

Entran el DUQUE, *vestido con fabulosa elegancia, y* DOS CABALLEROS MUY CORRECTOS. *Reverencias.*

Duque
Esto que hago es tan extraño
que de dos señores me acompaño.
Todos se sientan.
Duque de Lawin me llamo,
soy fortísimo y me halago.
Corre la sangre por mis venas
de grandes héroes, pero de veras.
Se vuelve hacia los silenciosos caballeros y estos asienten con la cabeza.
Lo que digo probarlo puedo,
¡rompo una barra de hierro!
Uno de los caballeros saca una barra de hierro de un bolsillo interior y se la da al duque, quien la rompe y tira los trozos al suelo.
Y si viene el más fuerte luchador,
¡lo cojo y lo parto en dos!

El LUCHADOR *se abre paso entre el público sobre el escenario. Está vestido como un atleta, con una piel de pantera y numerosas medallas. Va hacia el teatro de marionetas. Inquietud entre los espectadores.*

EL MORDAZ.—¡Esto es el fin!

EL SIMPLÓN.—¡Me gusta! ¡Bravo, bravísimo! ¡Ahora pelearán! *Aplausos.*

EL POETA.—¡Esto es lo que os gusta, bestias!

El duque pelea con el luchador y al poco rato lo tira desde el escenario. El pianista se cae de la silla. Risas.

EL POETA.—¡Por el amor de Dios, esto qué es!

DIRECTOR.—¡Alégrese! Esto puede salvar su comedia.

El luchador se levanta, lanza besos con la mano al público y se marcha.

DUQUE

Y cuando me río, caen en el acto
de las paredes todos los cuadros.

Suelta dos breves risotadas y los cuadros se caen de las paredes.

¡Disparo a una baraja y siempre le doy al as!

El primer caballero silencioso se va al otro extremo de la habitación y sostiene en alto una baraja; el segundo caballero silencioso le da al duque una pistola. El duque dispara y le da al as. El primer caballero silencioso le enseña la carta al héroe.

Donde piso, no crece la hierba, ¡lo verás!

Da unos pasos; los caballeros silenciosos van a su lado y comprueban que, en efecto, no crece la hierba.

Y no pasa ni un solo día, en fin,
sin que una mujer se mate por mí.

Suena un disparo. Uno de los caballeros se asoma a la ventana y hace una señal; alguien le pasa por la ventana una muchacha muerta. La pone sobre el diván. La muerta tiene una nota en la mano; el caballero le da la nota al duque; el duque se la da, sin leerla, al héroe.

HÉROE *(lee)*
Al duque de Lawin amo locamente
y me mato porque él no me quiere.
*El duque hace una señal y los caballeros tiran el cadáver por
la ventana.*
DUQUE
Pero soy tan fuerte y ardiente
como justo e inteligente,
y si cometo una injusticia
lo reconozco sin porfía.
Este es el caso hoy y con razón
y hago lo que me dicta el corazón.
Por eso con el fin de reconciliarnos
le pido que choquemos las manos.
LIESL *entra.*
EL SIMPLÓN.—Esta es la que apareció al principio.
EL MORDAZ.—¡¡Y cómo es que aparece ahora!?
LIESL
¡El duque!
HÉROE
¡Lo conoces!
LIESL
¡Me desmayo!
Se desploma.
El duque quiere irse.
HÉROE
¡Ni un paso más allá de esta puerta!
¡Duque, es que la conoce a ella?

DUQUE
No estoy obligado a responder.
HÉROE
¡Habla tú, Liesl! ¡Está sin sentido!
Ajá, ahora entiendo todo este lío.
¡Sí, vaya, muchas gracias, amor mío!
DUQUE
Ya que ha comprendido su destino,
permítame que me marche ahora mismo.
HÉROE
¡Perdón, duque, no tan rápido!
Ahora me toca a mí retarlo.
DUQUE
Esto está bien por una duquesa,
¡pero no con una chica como esa!
Sale con los dos caballeros.
HÉROE
Ahí está, sumida como en un sueño,
desmayada, inconsciente, fuera de juego;
parece como que no pueda matar ni una mosca
¡y vaya jugarretas que gasta la moza!
¿Y ahora qué hago?
Llaman a la puerta desde el interior del dormitorio.
¡La duquesa!
¡Había olvidado a la tigresa!
Ahora todo encaja, ¡qué sorpresa!
Al final, será una extraña aventura…
No, Liesl, tampoco yo soy fiel, ¡madura!
Pero después te perdonaré la ofensa.

Va a la puerta del dormitorio; sale la duquesa.
HÉROE
Ahora vamos a besarnos y acariciarnos como locos,
haga conmigo lo que quiera, ¡todo es poco!
DUQUESA
¡Por favor, déjeme pasar!
HÉROE
¡Oh, duquesa, pero si usted de amaba hace nada!
DUQUESA
¿Quién es usted?
HÉROE
¡El héroe de esta obra!
DUQUESA
¡Yo solo amo a quien haya de morir mañana!
Sale.

EL SIMPLÓN.—Pero ¿por qué? ¿Por qué se va? ¡Ahora podría hacer lo que quisiera!

EL POETA.—¡Parece que la gente no lo entiende!

DIRECTOR.—Ya se lo dije. La cosa va mal.

EL POETA.—¡Y ahora aún viene el peligroso monólogo!

DIRECTOR.—Toda su obra es peligrosa. Tendría que haberse terminado con el luchador.

EL POETA.—¡Cómo puede decirme eso! Lo del luchador se nos ocurrió en el último momento; pero ahí no pinta nada.

DIRECTOR.—¡En su obra solo es bueno precisamente lo que no pinta nada!

HÉROE
¡Se ha marchado! ¿No ha sido como un sueño?
Solo me lo creo porque su perfume aún huelo.

Y Liesl está durmiendo tranquilamente.
Pregunto: ¿qué hacer en un momento como este?
Ahora que todo está claro,
siento pena, pero no enfado.
Liesl *abre los ojos*
¿Dónde estoy?
Héroe
Conmigo.
Liesl
¿Y el duque?
Héroe
Se ha ido.
Liesl
Y yo te hice daño…
Héroe
Esa es la palabra. Pero, dime, ¿cómo fuiste capaz…?
Liesl
¡Era tan bonito! Es mi naturaleza.
El simplón.—¡Ja, ja, ja! ¡Es su naturaleza! ¡¿Qué te parece?!
Héroe
¡Oh, conmovedora niña, aunque se rompa el corazón,
no se te puede condenar porque careces de razón!
Y ya que le perteneces al duque, como un símbolo
lo tomo, pero dime de qué, ¡te lo imploro!
Liesl
¡Qué bien hablas, qué bueno eres!
Lo abraza.
El simplón.—¡Ya lo ha cazado! ¡Ahora se casa con ella!
El mordaz.—¡Esto es una locura!

El benévolo.—No sé… No sé… Hay algo oculto en todo esto…

Héroe
Liesl, ¿tienes coraje para morir?

Liesl
¿Y eso?

Héroe
Solo de esta forma puedes
volver a ser mía. ¿Entiendes?
Junto al amado con el universo
fundirte con un beso.

Liesl
No, la verdad es que no quiero.

Héroe
¡Qué dulce, qué boba!

Liesl
¡No! No me apetece matarme.

Héroe
¡Pues márchate! ¡No te aguanto!

Liesl
¿Cómo? ¿Es posible? ¿Ya no te gusto?

Entra el LÚGUBRE ESCRIBANO.

Liesl
¡Mi padre!

Escribano
¡Triste héroe, por fin te he encontrado!
Tú tienes dinero y nosotros, ni un centavo.

Trabajamos para ti y nos has esquilmado,
has seducido a nuestra hija, ¡en casa te esperamos!
HÉROE
¡Anciano! Tus palabras suenan de repente
vacías y absurdas a las puertas del allende.
ESCRIBANO
¡Echarse a perder por este inútil!
HÉROE
No es necesario insultar para llevársela.

Entra el NOVIO DE LIESL.

HÉROE
¡Y venga otro!
LIESL
¡Mi novio!
HÉROE
¡Demonios! ¿Quién es usted?
NOVIO
Un primo de Brackenburg.
LIESL
¡Oh, amigo de juventud, paciente, tú eres?
Perdóname y cásate conmigo, si quieres.
NOVIO
Estoy preparado desde hace años, preciosa.
¿Has terminado tu carrera amorosa?
LIESL
¡Oh, querido Franz, creo que ya es hora!
A su padre y al novio.

Soy vuestra, antes estaba cegada y tonta.
Salen los tres.
RAZONADOR
De nuevo a la vida cotidiana, a casa, al tajo,
que cada uno se vaya por donde ha entrado.
HÉROE
Creo que mucho he perdido. Por todos
engañado, ahora me encuentro solo.
Esta vida ya no me parece digna de ser vivida,
siento que deseo descansar de forma infinita.

Aparece LA MUERTE *con una máscara espantosa y vestida de negro.*

La mujer del ciudadano se desmaya.
PRIMER CIUDADANO.—¡Pero tranquilízate!
Preocupación general. Sale con su mujer.
EL POETA *(al director)*.—¡Justo lo que faltaba!
HÉROE
¿Quién eres?
MUERTE
Mírame a la cara.
HÉROE
¡Aléjate! ¡Me espantas!
PRIMER ALBOROTADOR *(que hasta ahora había estado tran-
quilamente sentado)*.—¡Y a mí!
Algunos se ríen.
OTROS.—¡Chisss!
MUERTE
¿No me has llamado?

SEGUNDO ALBOROTADOR.—¿Quién si no lo iba a llamar?

ALGUNOS.—¡Chisss!

OTROS.—¡Tiene razón!

EL POETA.—¡Maldición!

MUERTE

Soy la muerte…

HÉROE

¿Qué haces aquí?

PRIMER ALBOROTADOR.—¡Ja, ja, ja!

El segundo alborotador silba.

EL SIMPLÓN.—Ahora nos vamos a divertir.

EL BENÉVOLO.—La gente no tiene ni idea.

EL MORDAZ.—¿Y quién la tiene? ¡Esos tienen razón! ¡No hay que aguantarlo todo! ¡Si yo no fuese tan educado, también silbaría!

ALGUNOS.—¡Silencio, silencio! ¡Que continúe la función!

DIRECTOR *(en el escalón)*.—¡Señores, silencio, por favor!

ALGUNOS.—¡Bravo, bravo!

MUERTE

Soy la muerte…

SEGUNDO ALBOROTADOR.—¡Eso ya lo había dicho! *Risas.*

EL POETA.—¡Se están riendo!

DIRECTOR.—Pues ahora imagínese si no hubiesen comido… Hace tiempo que alguno de estos le habría dado una tunda.

HÉROE

¿Qué haces aquí?

Como ya tuve el honor de preguntar antes. *Risas.*

EL POETA.—¡Pero esto qué es! ¡Este miserable me está dejando en ridículo!

MUCHOS.—¡Chisss, chisss!

MUERTE *(alzando la voz por encima de todos)*

Ese de ahí es inmortal… ¡Vengo a por ti!

Se hace el silencio.

No te dejes impresionar por mi aspecto.

Mi guardarropa tiene caprichos molestos.

Como los vivos son bastante uniformes

aparece la muerte en muchas versiones.

Algunos se marchan. El tumulto es cada vez mayor. El mordaz silba.

EL BENÉVOLO.—¡¿Y usted pretende ser un hombre educado?!

EL MORDAZ.—¿A usted qué le importa?

ALGUNOS.—¡Silencio, silencio!

EL POETA.—¡La gente se está marchando!

EL BENÉVOLO *(al mordaz)*.—Y si no le gusta, ¿por qué no se va usted?

EL MORDAZ.—¡Cierre el pico! *(Se ponen de pie.)*

ALGUNOS.—¡Fuera! ¡Silencio!

El benévolo y el mordaz vuelven a sentarse.

DIRECTOR.—Se lo dije: no sirve de nada que el final sea algo serio cuando el comienzo fue una estupidez.

EL POETA.—¡Ponga orden! ¿Qué es esto? ¡Un teatro de tercera fila!

DIRECTOR.—¿Ahora se va a poner insolente?

Las marionetas se asoman entre bastidores.

EL SIMPLÓN.—¡Eh, mirad allí!

EL POETA.—¡Sus títeres carecen de disciplina, ponga usted orden o yo mismo le prendo fuego al negocio!

DIRECTOR.—¡Señores, por favor!

ALGUNOS.—¡Silencio! ¡Escuchen!

DIRECTOR *(en el escalón)*.—¡Por favor, señores! Cuando reflejo la esencia de la Ilustración en el telón de fondo del siglo y el arte da sus frutos, humildemente les ruego que se fijen en que el escenario es la imagen de todo lo que sucede, llamado también espejo del mundo, y pretende mostrar en su radio de acción lo triste no menos que lo alegre, hacia donde nuestro autor, poeta vates, también tiene el regocijo de zarpar.

MUCHOS.—¡Bravo, bravo!

OTROS.—¡Que continúe la función!

MUERTE *(gritando)*

Que se rían hoy en la propia casa
público y poeta al ver lo que pasa,
que al final del baile se muestre
también la muerte honestamente.

Se muestra de repente como Hanswurst.

Entran el CONDE DE CHAROLAIS *y el* MAESTRO.

MAESTRO.—Bueno, querido conde, aquí podríamos sentarnos.

CONDE.—Por favor, después de usted.

MAESTRO.—Por favor, soy consciente de qué es lo correcto. Usted procede de una tragedia en cinco actos y yo solo de una comedia en tres actos. Por lo tanto, usted primero.

Se sientan.

POETA.—¡Por el amor de Dios, qué pasa ahora? *(Al director.)* Mire allí.

DIRECTOR.—¿Quiénes son esos?

CONDE.—¡Dos grandes caballeros! ¡Quien los reconoce, los saluda!

POETA.—Por lo menos debería ocuparse de que mientras la mía se esté representando no se sienten en su chiringuito personajes de otras obras.

Un HOMBRE, sentado en la auténtica platea, al fondo, se pone de pie y dice en voz alta: «¡Esto es un timo!». Las personas en el escenario miran hacia allí, las marionetas se intranquilizan y algunas miran desde el borde del escenario.

EL HOMBRE EN LA PLATEA.—¡Un timo! ¡Y yo no voy a caer en él! ¡Esto es indigno de un teatro serio!

EL DIRECTOR *(delante de la concha del espectador).*—¡Caballero!

El poeta también se ha acercado al frente y se retuerce las manos.

EL HOMBRE *(yendo hacia el escenario).*—¡El final no me va a engañar! *(Hablando para el patio de butacas.)* Es evidente que al autor no se le ha ocurrido ningún final… ¡El escándalo está orquestado!

EL POETA.—¡No consiento esto!

EL HOMBRE.—¡Y quién está hablando con usted?

EL POETA.—¡Soy el poeta!

EL HOMBRE.—¡Ah, bueno! ¡Usted! ¡Usted solo está figurando!

EL POETA.—¡Eeeh!

EL HOMBRE.—¡Por supuesto! ¡Ya sabe a quién me refiero!

DIRECTOR.—¿Y usted? ¡Eh! ¡Usted! ¿Es que quiere convencerme de que usted es parte del auténtico público?

EL HOMBRE.—¡Y tanto!

DIRECTOR.—Usted tiene que estar aquí arriba… ¡Venga, rápido! *(Ayuda al hombre a subirse al escenario.)*

EL MORDAZ.—¡Esto es un circo! *(Baja al patio de butacas.)*

EL BENÉVOLO.—No sé… ¡Hay algo oculto en todo esto!

HÉROE

Gorro de bufón y en la mano un matamoscas…

¡Ay, esta es tu auténtica ropa!

Silbidos, pisotones.

EL CONDE

¿Sin darme cuenta habré venido

a un siglo que no es el mío?

¡Pero no! ¡Yo no! Aquí me han traído…

Me voy. ¿Mañana dónde estaré perdido?

Sale. Las marionetas avanzan hacia el frente.

MARIONETAS

Con estas pobres no lo paguéis,

seguid obsequiándonos vuestro favor,

al poeta regañad si queréis

porque es el culpable de este horror.

EL SIMPLÓN.—¿Esto pertenece a la obra?

EL POETA *(en los escalones)*

¡La actuación ha terminado! ¡Una cosa de locos!

¿Quién me protege de los personajes propios?

¡Marchaos! ¡Ya es suficiente!

¡No oséis haceros los valientes!

Y si yo os insuflé tanta vida
para que existáis por vosotros mismos,
insolentes e insensatos, ¿son estos los mimos
con los que agradecerme la fuerza creativa?
MAESTRO *(tirándole de una oreja).*—¡Necio![5] *(Sale.)*
LAS MARIONETAS
¡Ahora hacemos lo que queremos!
¡Hablar, cantar, bailar, enloquecernos!
El público nos da lo mismo.
¡Ahora nosotras elegimos!
Si el poeta tiene algo en la mollera,
¡que nos deje actuar a nuestra manera!

*En ese momento entra un hombre con abrigo azul, rostro largo
y pálido y pelo negro y rizado. Lleva en la mano una espada. Va
hacia el teatro de títeres y de un golpe corta todos los hilos. Las
marionetas se desploman. Asombro general.*

EL POETA
¿Quién eres? Responde antes de marcharte.
Eres mi vengador. ¿Cómo he de llamarte?
EL DESCONOCIDO
Preguntas demasiado. Lo que quise decir…
No lo sé. Después de algunos días por aquí
estoy condenado, un misterio para los demás y para mí,

---

[5] La palabra que emplea el MAESTRO es «Wurstel», por lo que se está
equiparando al poeta con la muerte y con Hanswurst, esto es, con un
necio-loco-bufón. *(N. del T.)*

siguiendo el viento que sople a recorrer el mundo sin fin.
Pero esta espada claro deja
quién un títere y quién un hombre era.
Esta hoja también corta hilos que no están a la vista
¡para desgracia de algunos orgullosos titeristas!
Recorre con la espada el escenario; se apagan todas las luces y todos menos él caen desplomados al suelo.
¿También vosotros?... *(Al ver que el poeta también cae.)*
¿Tú también? ¡Miedo me da mi poder!
¿Es verdad o es noche lo que he venido a traer?
¿Sigo la llamada del cielo o la del infierno?
¿Reina la ley o el capricho allí de dónde vengo?
¿Soy un dios?... ¿Un loco?...
¿Soy como vosotros?
¿Soy yo mismo
o un signo?
Avanza hacia el borde del escenario.
Sí, si mi espada estuviera en una mano más ligera
sé qué les pasaría a algunos que en el dolor y lo agradable
se jactan de una realidad altamente cuestionable...
Dirigiéndose al patio de butacas.
¿Qué pasaría, por ejemplo, ahí abajo, en la platea?
Sale con una mirada orgullosa.
En cuanto se marcha, se ilumina el escenario y se levantan hombres y marionetas. Vuelve a sonar música militar; el poeta corre de aquí para allá; el director se sube al escalón y empieza a decir
¡Caballeros! Van a presenciar ustedes etc.

El telón cae en medio de un tumulto enorme.

Este libro se publicó
el mes de julio
del año 2025

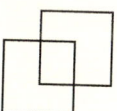